三语习得影响因素及有效路径研究

练丽娟 ◎著

图书在版编目(CIP)数据

三语习得影响因素及有效路径研究/练丽娟著. -- 北京：中国书籍出版社，2023.11

ISBN 978-7-5068-9673-3

Ⅰ.①三… Ⅱ.①练… Ⅲ.①英语-少数民族教育-教学研究-中国 Ⅳ.①H319.3

中国国家版本馆CIP数据核字（2023）第228029号

三语习得影响因素及有效路径研究

练丽娟 著

丛书策划	谭 鹏 武 斌
责任编辑	毕 磊
责任印制	孙马飞 马 芝
封面设计	博健文化
出版发行	中国书籍出版社
地 址	北京市丰台区三路居路97号（邮编：100073）
电 话	（010）52257143（总编室） （010）52257140（发行部）
电子邮箱	eo@chinabp.com.cn
经 销	全国新华书店
印 厂	三河市德贤弘印务有限公司
开 本	710毫米×1000毫米 1/16
字 数	210千字
印 张	12.5
版 次	2024年5月第1版
印 次	2024年5月第1次印刷
书 号	ISBN 978-7-5068-9673-3
定 价	80.00元

版权所有 翻印必究

目 录

第一章 绪 论 ………………………………………………… 1
  第一节 研究背景 ………………………………………… 1
  第二节 选题内容 ………………………………………… 5
  第三节 研究目的 ………………………………………… 6
  第四节 选题意义 ………………………………………… 7
  第五节 论文结构 ………………………………………… 7

第二章 研究综述 …………………………………………… 9
  第一节 本研究的主要概念 ……………………………… 9
  第二节 二语习得模式及影响因素的研究综述 ………… 17
  第三节 三语习得模式及影响因素的研究综述 ………… 27
  第四节 本章小结 ………………………………………… 32

第三章 研究方法与设计 …………………………………… 36
  第一节 研究对象 ………………………………………… 36
  第二节 研究总设计 ……………………………………… 39
  第三节 第一个研究问题 ………………………………… 41
  第四节 第二个研究问题 ………………………………… 43
  第五节 第三个研究问题 ………………………………… 46
  第六节 教学实验 ………………………………………… 48

第四章 三语习得的影响因素研究 ………………………… 51
  第一节 语言习得影响因素的分类 ……………………… 51
  第二节 高校少数民族三语生三语习得现状 …………… 54
  第三节 三语习得的主要影响因素 ……………………… 63

第四节　三语习得的可控性影响因素……………………………66
　　第五节　本章小结…………………………………………………79

第五章　三语习得可控性影响因素分析……………………………………81
　　第一节　学习者可控性影响因素对三语习得者的影响……………82
　　第二节　三语习得可控性影响因素间的动态关联…………………87
　　第三节　学习者可控性影响因素对L3水平的影响…………………89
　　第四节　性别、民族、教育背景对学习者可控因素的影响…………91
　　第五节　L3"低分"者与L3"高分"者的个案研究……………………98
　　第六节　本章小结…………………………………………………107

第六章　三语习得有效路径的构建与验证…………………………………110
　　第一节　三语习得有效路径构建的理论依据………………………110
　　第二节　三语习得有效路径结构模型的构建与修正………………113
　　第三节　三语习得有效路径模型……………………………………142
　　第四节　三语习得有效路径模型的创新……………………………148
　　第五节　教学实验研究结果…………………………………………149
　　第六节　本章小结…………………………………………………159

第七章　研究结论、启示与建议……………………………………………160
　　第一节　研究的主要结果…………………………………………160
　　第二节　启　示……………………………………………………167
　　第三节　建　议……………………………………………………171

参考文献………………………………………………………………………173

第一章 绪 论

本章作为开篇将介绍本研究的研究背景、选题内容、研究目的、选题意义以及论文的结构。

第一节 研究背景

一、我国的多语环境

我国的陆地边界线长达两万多公里,是世界上陆地边界线最长的国家,周边与14个国家接壤。我国共设有五个少数民族自治区,包括新疆维吾尔自治区、内蒙古自治区、广西壮族自治区、西藏自治区和宁夏回族自治区。我国自古就是多民族、多语言、多文化、多宗教交汇之地。56个民族共同缔造了源远流长、光辉灿烂的中华文化。佛教、道教、伊斯兰教、天主教、基督教为主要教派,境内有印欧语系、汉藏语系和阿尔泰语系等多种语系,各语系在各民族大融合的背景下频繁接触,相互影响,呈现出独具魅力的人文生态。我国的少数民族大都有自己本民族的语言、文字和风俗习惯,在日常生活、劳动和工作中他们频繁接触、交流,会两种甚至三种语言的人十分常见。

随着全球化进程的加快,2013年"一带一路"倡议的提出,我国面临着更大的机遇和挑战,对"民、汉、外语兼通"人才的需求也日益增长。三语或多语的掌握会大大增加国家和个人的机遇。这对我国的外语教育提出了新的课题和更高的要求。

二、多语发展的国际趋势

李宇明教授早在2012年就明确指出我国是多民族、多语言、多文化的国家,"双言双语"或"多言多语"的语言生活已经初步形成。2015年在全球化背景下他专门著文在国家、民族的层面讨论了单语主义和多语主义问题。他提倡多语主义,提出"多语主义"是解决多民族国家语言问题的现代理念,更是当今全球化、多元文化时代的强烈要求。现代人和现代社会必须具备多语能力。个人多语是自身发展的需要,社会多语是尊重语言权利、开发语言资源、缓解语言矛盾的需要。如今,"双语"能力或"三语"能力已经是许多国家的教育标准,是国际发展的大趋势。我国的少数民族应当具有"三语"能力,即掌握母语和国家通用语言,并具有一定的外语能力,这应当成为公民语言的标准(李宇明,2012)。可见,大力发展多语能力势在必行,是我国语言政策的发展与整体规划的方向,具有战略性的长远意义。一个地区语言整体水平的提高助推社会经济发展,培养精通双语和多语人才是推进少数民族地区政治、经济、文化全面发展的重要举措之一,是国家发展和国际形势的要求,也是时代的要求。那么,如何培养精通双语和多语人才就成为我们语言研究者和教育工作者需要深入研究的颇有意义的课题。

三、我国三语习得群体

科技是第一生产力,经济的发展离不开人才的培养和建设。我国幅员辽阔,人口众多,由于地理位置、自然条件、政策方针以及历史背景等复杂原因,目前经济发展尚不均衡。特别是少数民族边疆地区的经济发展相对滞后,人才资源储备薄弱,渠道主要靠外来人才引进和本地人才的培养。"一带一路"倡议的提出加大了边疆对多语人才的需求,但边疆地区语言发展不平衡,尤其是大学生英语整体水平低,高层次人才短缺,这与边疆经济发展的需求相冲突。我国边疆地区大都具有多民族大杂居小聚居的特点,语言资源丰富,三语甚至多语人很常见。为了跟上国际发展趋势以及我国整体教育发展步伐,在有条件的区域将英语被列为中小学和大学的必修课之一,因此英语成为边疆少数民族学生正在学习的第三种语言(L3)。从现有的文献来看,我国学者对于少数民族学生英语学习方面的研究主要包括语言态度研究、学习动机研究、学习策略研究、学习焦虑研究,语言对比研究、语言迁移研究等。研究对象主要集中在高校。在少数民族边疆地区,很多高校中少数民族学生占60%以上,他们除了自己的少数民族语言外,必须学习国家通用语和一门外语(L3)。少数民族大学生外语的教与学中都存在诸多问题,这些问题既包括现实存在的客观问题也包括主观问题;既包括宏观的教育环境和教育者的问题,也包括关键的学习环境和学习者自身的问题。问题复杂,需要一步一步、一个环节一个环节逐一解决。因此,无论哪一个环节存在的问题都需要研究者进行深入的研究,寻找切实有效的方法。

双语人甚至多语人的培养已经成为语言教育的发展趋势,它关系到一个国家的软实力和未来在国际上发展的潜力。但是这方面的研究在我国还处于初级阶段,没有引起足够的重视。我国三语习得研究起步较晚,依据研究对象可将研究分为两部分,第一是对于高校外语专业学生学习第二门外语的研究,第二是对于少数民族学生学习外语的研究。

对于少数民族学习者而言,由于他们在学习英语的过程中以国家通用语作为桥梁语言来学习第三种语言,因此与其他学生相比,他们英语学习的过程更为复杂,所受到的影响因素更多。边疆少数民族大学生的英语水平整体比较低,许多学者早已关注到这个问题,但是目前尚无研究表明已经找到了有效的提高他们英语学习成效的方法。

综上所述,随着全球化的进程加快,边疆在发展过程中对三语或多语人才的需求越来越大,少数民族大学生的外语教育和学习怎样才能更有成效?具有普遍意义的三语习得有效路径是什么?这是本研究力图解决的核心问题。

四、学术背景

语言习得的研究分为母语习得、二语习得以及三语或多语习得的研究。其中三语习得研究源于二语习得,但因其具有显著的特性而分离出来,成为独立的研究领域。

二语习得研究始于20世纪50年代,发展至今研究内容已经非常广泛,视角丰富多样,各方面都取得了丰硕的成果。二语习得研究起初以认知心理研究为主流,20世纪80年代社会文化派兴起,并迅速发展,从此认知派与社会文化派形成二语习得领域长期对立的两大学派,论战长达20年(文秋芳,2010)。21世纪初,在全球化背景下,两大学派从并立走向融合,认知心理学派与社会文化学派开始积极互鉴并逐步走向融合(练丽娟、战菊,2017)。二语习得的认知心理研究主要聚焦于二语学习的认知行为过程,包括对学习者的认知心理过程,认为语言与文化是可以分割的两个对立体系;社会文化派则聚焦于认知心理之外的社会文化因素与人类语言活动之间的互动,认为语言与文化不可分割。

纵观二语习得研究的发展,其经历了从对语言习得规律到语言学习者心理的研究,然后又延展到对与语言相关的社会环境研究的过程。语言习得领域的两大学派,认知心理学派与社会文化学派从对立到相互借鉴与融合,使语言习得的心理认知研究与影响因素的研究也交织在一起。二语习得研究领域中的二语习得模式研究是反映其发展轨迹的典型代表。

二语习得模式研究起源于1972年Krashen提出的"输入假说",经过后来的学者对该假说不断的质疑与发展,二语习得模式变得越来越完善。1997年Larsen-Freeman正式将动态系统理论DST（Dynamic System Theory）引入二语习得研究领域,为二语习得模式研究开启了新的篇章。自此,语言习得研究者们开始用系统的、联系的、动态的观点来审视二语习得的过程。二语习得研究既讨论了语言习得的心理认知过程,同时也分析了影响心理认知过程的各种因素。语言习得最核心的过程性环节"语言输入—语言加工—语言输出"形成了语言的基本路径;其过程中的影响因素产生的共同作用最终决定了语言习得的效果。

二语习得影响因素的研究侧重于某个或某几个影响因素对语言习得过程中某个环节(通常是语言输出环节)的影响作用的研究。其中,学习者的个体差异因素受到学者们关注最多。二语习得影响因素的研究大致经历了三个阶段(崔刚、柳鑫淼,2013):20世纪70年代至90年代末期,语言研究者们以比较影响语言学习成功者和不成功者的单因素变量差异为主(如学习策略因素);20世纪90年代到21世纪初期为多因素变量研究阶段。语言研究者们开始意识到语言习得的影响因素之间并不是孤立的,此阶段的研究虽然视角较过去更加丰富和全面,但是仍然缺乏一个系统的理论指导。而20世纪末期动态系统理论(DST)的引入,为语言习得影响因素的研究提供了重要的理论基础。

三语习得研究在20世纪80年代末之前一直被认为是二语习得研究的一个分支,虽然后来三语习得独立成为新的研究领域,但其依然与二语习得研究有着大致相同的发展轨迹。早期三语习得的研究成果以语际迁移的语言本体研究为主;近十年来随着研究者研究视野的拓宽和研究视角的丰富,三语习得研究有了许多跨学科领域的突破,但是与二语习得研究相比,各方面仍然显得单薄与稚嫩。

三语习得研究虽然起步较晚,但在20世纪末21世纪初也出现了一些较有影响力的模型理论。虽然三语习得模型的研究切入点不如二语习得模型研究得那么集中且具有连续性,但都为后续更深入的研究奠定了重要基础。

与二语习得影响因素研究相比,三语习得的影响因素研究还属于比较初级的阶段,主要以单因素变量为视角研究影响因素对语言成绩的影响,并呈现出碎片化的特点,研究的深入性、连续性和系统性也都滞后于二语习得。

综上所述,二语习得研究较为成熟,三语习得研究发展相对滞后。三语习得研究源于二语习得,但已独立成为新的研究领域。语言习得领域中认知心理学派与社会文化学派的相互借鉴与融合、动态系统理论(DST)在语言习得研究领域中的应用为语言习得研究开启了新的篇章,提供了更广阔的空间。

第二节 选题内容

三语习得研究起步于20世纪80年代末期,与二语习得研究相比,三语习得的研究视角不够丰富,每个视角研究的深度不够,研究内容分布不均,研究方法比较单一。主要成果集中在语际迁移方面,三语习得模式与影响因素研究才刚刚崭露头角,还有很多需要填补的空白。

国内三语习得研究开始于20世纪90年代,主要研究成果集中于语际迁移研究,单个或几个影响因素变量的研究也有学者涉及,但三语习得模型研究尚为空白。近十年来语言习得领域认知心理学派与文化学派虽然在观点上有融合的趋势,但是在研究实践中依然各持其重。三语习得与二语习得重要区别之一在于学习者进行语言认知加工时背景语言带来的复杂性,然而在三语习得影响因素与语言习得结果的关系研究中尚无研究者将语言因素纳入研究框架之中。语言学家们自20世纪70年代便开始了对文化认同与语言习得关系的研究,但我国对文化认同与三语习得关系的研究却凤毛麟角。

从国外三语习得模型和影响因素研究的发展过程来看,语言习得影响因素的研究从对单因素变量的研究逐渐过渡到了对多因素变量动态系统的研究;研究者从孤立的视角看待影响因素到用系统动态的观点去分析影响因素,研究更加全面。但是我们发现,无论是国外还是国内的相关研究,研究的重点大都放在了对学习者个体差异因素的研究方面,对其他因素只是轻描淡写,如环境因素、语言因素、社会文化因素等。此外,二语习得模式的研究是语言习得路径加影响因素的综合研究,而三语习得的相关研究则有顾此失彼之嫌,更多关注单个或多个影响因素变量与语言输出环节间的关系,对影响因素与语言习得路径的系统性和整体性考虑不足。语言习得的模式研究初起于二语习得领域,三语习得的相关研究领域存在许多不足,立足于国内外对三语习得模式的研究,本研究整合认知心理学派与社会文化学派的研究成果,分析三语习得的特点和主要影响因素;并在语言习得基本路径的基础上研究三语习得的模式和路径模型。

第三节　研究目的

本研究旨在分析影响三语习得的主要影响因素和可控性因素,构建三语习得有效路径模型。三语习得有效路径模型的应用可以促进三语习得生成,优化三语习得结果,提高三语习得成效。三语习得有效路径模型以直观的路径图示形式呈现,可操作性强,为三语教学者提高教学成效提供理论指导,为三语习得者提高学习成效提供有效途径。

本研究希望通过对我国边疆地区高校少数民族三语生三语习得的研究,发现优化三语习得结果的普遍规律,找到三语习得有效路径。希望除了能够解决少数民族外语教学与学习实践中的一些问题外,也为外语专业的三语甚至多语学习群体的相关研究提供有价值的借鉴。

第一章 绪 论

第四节 选题意义

　　二语习得模式研究从最初的"输入假说"发展到现在的"动态系统理论"下的二语习得一体化模式，经历了认知心理学派与社会文化学派从对立到融合的阶段。三语习得模式也起步于心理认知过程的研究，但是发展至今一直未见与社会文化学派的深度融合。三语习得认知心理学派仍然侧重从输入到输出过程的心理认知研究，社会文化学派仍然钟情于影响因素之间的关系或某些因素对语言习得结果影响的研究。长期以来，语言习得的成效一直是语言习得研究者们关注的重点问题之一，但语言习得成效的提高却缺乏系统的理论指导。本研究整合语言习得领域的认知心理学派与社会文化学派的研究成果，坚持用全面、系统、动态和联系的观点研究语言习得影响因素和路径的问题，强调三语习得影响因素与路径的一体化，在语言习得的基本路径上附加强化了正面影响作用的因素，构建三语习得生有效路径模型，丰富三语习得理论，为三语或多语教育提供理论参考，也为三语学习者提高学习成效提供有效途径。

第五节 论文结构

　　本书共七章。第一章绪论部分介绍了本研究的研究背景、选题内容、研究目的、选题意义以及论文的结构。第二章首先厘清了本研究所涉及的在语言习得研究领域中容易混淆的主要概念，之后对国内外语言习得的模式及影响因素的研究进行了综述，并对发现的问题进行了分析。第三章研究方法与设计部分介绍了研究对象，提出了研究问题，阐述了本研究的设计总方案，并围绕三个研究问题分别从研究方法、研究对象、研究工具、数据收集与分析等方面进行了阐述。第四章、第五章和第六章对三个研究问题的研究结果进行论述。第四章是对三语习得模型及其影响因素的研究,阐释了本研究对三语习得影响因素进行归纳和分类的过程,梳理了三语习得的主要影响因素和可控性影响因素,为三语习得有效路径提供了变量组合。第五章论述了本研究对三语习得可控性影响因素调查的统计与分析结果,为三语习得有效路径模型提供了数据支持。第六章基于相关理论与前期研究结果,构建了三语习得路径假设模型并得出实验验证结果。第七章阐述了本研究的结论、局限性、对理论与实践的启示以及对未来研究的建议。

第二章 研究综述

语言习得研究领域中学者们对有些概念的界定未达成共识,造成概念混用,还有一些概念有广义与狭义之分。因此这里先对本研究涉及的主要概念进行界定和区分,之后对国内外二语习得和三语习得的模式/模型以及影响因素的研究进行综述。

第一节 本研究的主要概念

本研究涉及的主要概念包括"三语习得""语言习得影响因素"和"语言习得路径"等。为了厘清以上概念,这里对以下问题进行探讨:"语言习得"和"语言学习"是同一概念吗?二者有何关系?为何我国学者将对"外语学习"的研究称为"二语习得研究"?为何本研究将少数民族学习外语称为"三语习得"?"二语习得"与"三语习得"到底有何区别?何为语言习得的"一般路径"和"有效路径"?如何定义语言习得的"主要影响因素"和"可控性影响因素"?

一、"语言习得"与"语言学习"

"语言习得(Language acquisition)"是人类语言发展的过程,指在自然的语言环境中,通过以沟通为目的的言语交际活动,潜意识地获得一种语言,是人通过有限的语言暴露而自动获取语言知识的过程(熊学亮,2010)。为了区别语言学习者所学习的不同的目的语,语言学家们最早以语言习得先后的顺序来定义第一语言(L1),第二语言(L2),第三语言（L3）等。据此，语言习得分为母语习得（或第一语言习得）、二语习得、三语习得（或多语习得）。母语习得通常指儿童自然习得的第一语言（L1）。二语习得指除母语之外所学习的第二种语言（L2）；三语习得指除学习者的第一种语言（L1）和已经掌握的第二语言（L2）之外，目前正在学习的一种或多种语言（Fauser，1995）。

从以上定义可见，在早期的语言学研究中，语言研究者们认为语言习得（Language Acquisition）是一个自然获得语言的过程，和语言学习（Language Learning）是截然不同的概念。1979年美国的语言学家Krashen提出了二语习得的监控假说，并对语言的"习得"与"学习"进行了区分。他认为"语言习得"指的是在自然环境下，人们无意识、非正式、自然地获得一种语言。如，儿童获得母语的过程；而"语言学习"则是有意识、有计划地学习语言的活动或行为。两者获得语言的途径不同，并且是不相容的（Krashen，1979）。但是，后来研究者们发现语言习得者在习得语言的过程中也存在有意识的学习行为，在学习语言的过程中也存在有自然获得语言的现象。因此，在后来的语言习得研究中，越来越多的学者认为，语言的习得与学习密不可分，二者互相包含，习得中存在自觉学习的行为，学习中也存在自然习得语言的现象。因此学者们在语言习得与语言学习两个概念上也不再做定义上的严格区分。故本研究将第三语言（L3）的学习，称作"三语习得"。

二、"二语习得"与"三语习得"

二语习得（SLA）有广义与狭义之分。广义的二语习得指除了母语或第一语言之外正在学习的任何一种语言，包括外语和第三语言都称为二语习得。狭义的二语习得（SLA）指除了母语或第一语言之外，正在学习的第二种语言。

我国二语习得研究领域中，外语学习被统称为二语习得。然而，二者不尽相同。首先，二者定义的视角不同。二语习得以学习目标语言的顺序来定义，而外语学习的定义则以立足于语言学习者的语言学习环境来定义。以英语为例，我国人口众多，英语学习群体庞大，英语学习被纳入二语习得之列，英语语言研究者们对二语习得的研究实际上大多是对外语学习的研究。然而，这种分类无疑忽视了我国少数民族学习者语言学习的特殊性。我国拥有56个民族，设有5个少数民族自治区，包括内蒙古、广西、宁夏、新疆和西藏。这些地区少数民族语言作为少数民族的第一语言(L1)在民族内部使用非常普遍,国家通用语言通常为他们学习的第二语言(L2),英语则作为外语成为他们学习的第三语言(L3)。

二语习得研究开始于20世纪50年代,半个多世纪以来,取得大量的研究成果。其研究内容非常广泛,包括对语言本体的研究,如对比分析、偏误分析、中介语研究等;对语言习得模式的研究,如输入理论、输出理论、互动理论等;对影响因素的研究,如环境因素、语言因素、文化因素、学习者个体差异因素等;对语言教学的研究,如显性学习、隐性学习、石化现象等。在二语习得领域,研究者们分为认知派与文化派两大阵营(文秋芳,2010),两派之间的学术论战持续20余年之久。认知派研究学习者对语言的认知方式与过程、社会文化学派则研究语言习得的过程和社会对其所起的作用。他们研究的视角和着眼点不同,对语言习得性质的看法也就产生了差异。而到了21世纪初,认知派与社会文化派不再固守成见,开始相互借鉴,走向融合,形成了二语习得向社会文化转向的趋势。

三语习得(TLA)是指除学习者的第一种语言(L1)和已经掌握的第二语言(L2)之外,目前正在学习的一种或多种语言(Fauser,1995)。三语习得的研究始于20世纪80年代,Rimbom(1987)《第一语言在外语学习中的作用》一书的问世标志着三语习得研究的正式开始,其高峰期在20世纪90年代末至21世纪初(曹艳春、徐世昌,2014)。三语习得的研究基于二语习得的研究发展而来,因此长期以来研究者惯用二语习得来取代三语习得。二语习得虽然与三语习得有相似之处,但是语言发展过程却表现出多方面的差异。

二语习得和三语习得的比较研究结果显示,两者在语言发展过程、认知过程、复杂程度和习得过程的多样性等方面都存在差异(曾丽、李力,2010)。

首先,学习者的二语习得和三语习得在发展过程中呈现出过程性的特征差异。二语习得的过程表现出线性的特征。Nunan(1996)提出,由于二语习得的发展过程受到各种因素的影响,语言能力发展时快时慢并呈现出线性的特征,而三语习得的发展则具有非线性特征。Herdina与Jessner(2002)从心理语言学的动力系统角度提出了多语现象发展的动态系统模型,该模型展现了多语习得发展的曲线性特征。多语言的发展首先经过一段指数增长之后,紧随着一段滞后相位的线性增长,最后又下降,其发展是平衡—不平衡—平衡这样不断的平衡重建过程,是一个既有连续性又有间断性的过程,而不是单纯的线性过程(曾丽、李力,2010)。

其次,三语习得比二语习得过程更具多样性。Cenoz(2000)认为语言习得顺序的变化会直接导致学习者在学习一门新的语言中认知状态的差异,从而影响学习效率。二语习得中语言习得的顺序有两种,而三种语言相遇时,就会产生四种组合形式。研究表明,在三语习得过程中,第一、第二语言所起的作用不同,一语起纠错作用,二语起工具作用,随着第三语言水平的提高,这两种作用逐渐会被三语所取而代之(Hammarberg,1998;Bardel C & Falk Y,2012;Ibrahim,Adam & Dinkha,Edwardo,2018)。三语习得者的三种语言体系不是相互孤立的,他们构成一个整体的语言系统,互相依赖,互相影响(Herdina & Jessner,2002;2005)。学习者已有的语言系统、跨语言交互影响以及多语因素都对多语学习者的语言发展产生影响,最终能决定多语学习者的语言水平。

再次,二语习得与三语习得之间语言迁移复杂性差异。与二语习得相比三语习得语言之间的语言迁移更加复杂。二语习得中两种语言间出现正迁移或负迁移,三语习得中三种语言间出现正迁移或负迁移,其间的关系是交错复杂的。William 和 Odlin(2001)认为三语学习者已掌握的两种语言都可能对第三种语言的学习产生影响,学习者既得的语言知识都可能成为迁移的对象,语言形式的共性是促进语言迁移的因素。另外,语言的心理距离也会影响三语之间的迁移。学习者主观感受到母语和目的语之间的距离会引发或抑制语言迁移。Cenoz(2001)的实证研究表明三语者在语言迁移过程中比双语者表现出更加复杂的心理活动,语言形式的共性是促进语言迁移的重要因素,心理感知的意愿倾向也是促成迁移的条件。

另外,二语习得与三语习得过程中的语言损耗有差异。三语习得过程比二语习得过程更加复杂,语言耗损更大,维持语言知识需要付出的努力更多。语言耗损(language attrition)指三语学习者在二语或三语环境中,母语技能退化和丧失的现象,也指既得二语或三语的技能与知识因长时间不使用而出现丧失或退化的现象(蔡寒松、周榕,2004)。学习者在学习新语言的同时,既得语言有遗忘和丧失的可能。在第三语言习得的过程中,学习者的第三语言和既得的背景语言(L2、L3)之间在

第二章 研究综述

语言体系的各个层面相互影响,相互干扰,导致语言知识损耗。由于多种新旧语言相互干扰,语言的保存和巩固需要花费更多的努力(Jorda,2005;Herdina P,Jessner U.,2013)。

最后,三语习得者与二语习得者的认知能力有差异。三语习得者比二语习得者在语法、语用等方面表现出更好的认知优势。Kemp(2001)发现多语学习者在学习新语言时具有隐形的语法意识的优势,有更好的语法认知能力。Jessner(1999)发现多语学习者比单语学习者有更强的语用意识。Gibson和Hufeisen(2003)的多语言翻译测试中发现,二语、三语和四语的学习者翻译的准确率依次递增(De Angles,2007)。以上研究都表明多语学习者在掌握第一和第二语言后再学习第三语言时会表现出认知方面的明显优势。Cenoz(2013)认为,在学习一门新的语言时,二语者比单语者更富有语言学习的经验和学习策略,在语言学和跨文化交际方面都显出更大的优势。González Alonso Jorge & Rothman,Puig-Mayenco E 等(2016,2018,2019)的研究都表明,二语者和三语者在语言处理和语言认知方面存在显著的差异。

综上所述,三语习得和二语习得之间存在着密切联系,但是在语言的发展过程、语言迁移的复杂性、语言损耗的趋势、二语和三语学习者的认知能力等诸多方面却存在着本质的区别。二语习得更注重共性研究,而三语习得更强调个性研究。三语习得与二语习得既有相同、相通之处,又有别于二语习得。三语习得与二语习得的关系绝不是"2+1=3"那么简单,其背后隐匿着更加复杂的语言学习规律。诸多研究已经表明三语习得已逐渐脱离二语习得的影响而成为一门新兴的学科。(Cenoz,2000;Hufeisen & Jessner,2001;Cenoz,2003,2012,2013;Payant C,Kim Y J.;Sanz C,Cox J G.,2017 等)。

三语习得的研究早期以二语习得与三语习得的区别研究为主,成果集中在第一语言、第二语言对第三语言所起的作用和语际迁移方面。从二语习得到三语习得,虽然背景语言只增加了一种,但三种语言间的交互影响是"1+1+1>3"的,第三语言习得的过程也变得更加复杂。在我国边疆地区,三语习得不仅指少数民族学习本民族语言、国家通用语言和外语,而且还指汉族学习国家通用语、外语和少数民族语言,但本研究中的"三语习得"特指少数民族大学生的外语学习。

三语习得与二语习得的主要区别来源于背景语言所致的复杂性,因此本研究将"语言因素"纳入三语习得影响因素研究框架。

三、语言习得路径

20世纪末Krashen(1982)提出了"二语习得监控(The Monitor Theory)"理论,将二语习得的模式研究推入了语言学家们的视野,二语习得模式研究是对语言习得路径和语言习得影响因素的综合研究。随着二语习得模式研究不断地深入,语言习得的路径变得越来越具体和完善。我们把语言习得所经历的过程性环节定义为"语言习得路径"。

基于Krashen的输入假说,Swain(1985)提出了输出假说(Output Hypothesis),他认为语言输出不是语言习得的最终结果,输出的过程中有不断的练习、反馈和调整,这些环节周而复始,循环反复,不断提高语言输出的质量,加快二语习得的进程。Long(1996)提出了互动假说(interaction Hypothesis),将语言习得的路径完善为输入—输出—互动—反馈。Susan Gass(1988,1997,2001,2005)提出了包括二语习得五个阶段的整合模式,即,被感知的输入—被理解的输入—吸收—整合—输出。

我国王鉴祺(2012)首次提出了二语言习得"一般路径"的概念,其环节包括:输入—输入过滤—有效输入—输出过滤。他从宏观和微观两个层面解释了这一路径。他认为语言的输入、输出过程是宏观的语言习得总过程,而从微观层面看,这个过程是语言因素转化为学习者实际语言能力的螺旋式上升的过程。从他的解释来看,输入过滤、有效输入和输出过滤都是语言学习者潜在的语言能力,只有在语言输出之后,潜在的语言能力才转化为显性的实际语言能力。他认为语言因素可以视为成一个语言因素系统,这与Ellis(1994)所提出的语言加工机制"黑盒子"在本质上是一致的。

从二语习得的各种模式研究来看,语言习得的模式研究就是对二语习得的过程与路径进行描写。语言习得结果的产生离不开语言的"输入""加工""输出""互动""反馈"等一系列环节。纵观语言习得各种模式的研究对二语习得过程的演绎都是在一条基本的语言习得路径,即"语言输入—语言加工—语言输出"之上进行细化或衍生并附以影响因素来讨论。因此本研究将"语言输入—语言加工—语言输出"定义为语言习得的"基本路径"。

语言习得路径是对语言生成过程共性的规律性描写,然而语言学习者的语言输出结果却迥然不同,具有个性化特征。这源于语言习得的过程受到各种因素的影响,这些因素的作用最终决定语言习得的结果。二语习得模式无论简单还是复杂,都离不开"二语习得路径＋影响因素"两个层面的讨论与研究。综合各种二语习得模式研究的结果,我们发现语言输出的结果因受到各方面因素的影响而产生差异,如环境因素、学习者因素、情感因素等。我们可以通过强化可控性影响因素的正面作用,加快语言习得过程,或者使输出结果更加理想。因此,本研究将附加了语言习得成效强化因素的路径定义为"语言习得有效路径"。

四、语言习得的影响因素

奥地利心理学家 Heider(1958)的归因理论将影响因素定义为致使或影响某一行为出现某种发展趋势或结果的内在或外在原因。该理论认为一个人的行为成败必有其原因,在寻求行为成败的原因时,或者把它归于个人的内部因素,或者把它归于外部的环境因素。这些因素总是以某种形式作用于行为结果。对影响因素性质的划分有助于个体行为结果的控制。

在 Heider 的"归因理论"基础上,美国的心理学家韦纳(Weiner, 1979)对影响个人行为成败的因素进行了进一步的划分,并归纳出六个方面的影响因素:能力、努力、任务难度、运气、身心状况和外部环境。他把六组因素划分为三个维度:内部的、外部的;稳定的、不稳定的;可控的、不可控的。六组影响因素在划分上是有交叠的。如,"个人能力"因素既是内部的也是稳定的,同时也是不可控的因素;而"个人努力"则是内部的、不稳定的,同时也是可控的因素。

基于 Heider 的"归因理论"和 Weiner 对影响因素三维度的划分,文秋芳(1995)将影响语言习得结果的影响因素从"可控"与"不可控"的角度进行了分类。她把通过学生自身的努力可以改变的因素,如动机、观念和策略等划分为可控因素;将靠自身努力无法改变的因素,如智力水平、语言学能、个性特征和学生过去的语言水平等因素划分为不可控因素。文秋芳对可控性影响因素的划分是以学习者为中心的可控性因素的划分。

语言习得的结果不仅仅受到学习者因素的影响,还受到社会环境、教育环境、语言环境、教材编写、教师水平、课程设置等其他因素的影响。本研究认为影响因素是否可控是相对的,因主体不同可控性也会不同。依据主体的差异这些因素可分为:政府决策部门可控性影响因素、教师可控性影响因素、学习者可控性影响因素。政府决策部门可控性影响因素指语言政策、教育法规等的制定;教师可控性影响因素指教材的编写或选择,教学效果的提高等;学习者可控性影响因素特指学习者通过财力、物力或人力的投入可以对三语习得成效产生促进作用的因素。

二语习得的影响因素林林总总,三语习得的影响因素更为复杂。关于语言影响因素的研究不可能无所不包,但对主要因素按照一定标准进行分类有助于研究者找到共有的规律,揭示现象的本质。本书研究三语习得的主要影响因素并重点归纳三语学习者可控性影响因素变量组合,为三语习得有效路径的研究奠定研究变量基础。

综上所述,本研究"三语习得影响因素及有效路径"所涉及的主要概念包括"三语习得""影响因素"和"语言习得路径"。三语习得的研究涉及三种语言的习得与学习,这里将"语言习得"与"语言学习"统称为语言习得。在定义"三语习得"前,这里先明确了语言学习与语言习得之间的关系,并对"三语习得"与"二语习得"的区别做了详细阐述。三语习得研究最早被认为是二语习得研究的分支,但由于背景语言的复杂性使得三语习得的过程显出其固有的特性。我国三语习得群体主要包括少数民族外语学习群体和外语专业学习群体。少数民族外语学习群体的第一语言(L1)通常为少数民族语言,第二语言为国家通用语言(L2),第三语言(L3)为外语。本研究提及的"三语习得"特指少数民族学生的外语学习。借鉴 Krashen(1982)提出的二语习得监控模式以及王鉴祺(2012)提出的二语言习得"一般路径"的概念,本研究将"语言输入—语言加工—语言输出"这一基本过程定义为语言习得的"基本路径",将附加了可控性影响因素正面作用的语言习得过程定义为语言习得的"有效路径"。三语习得的影响因素庞杂,对三语习得过程的影响有强有弱,因此本研究将结合研究对象的特点梳理出主要的影响因素和其中的可控性因素,并通过对可控性影响因素作用路径的分析,构建三语习得有效路径。

本研究以高校少数民族三语生为例,研究三语习得的影响因素及有效路径,期望发现特定影响因素变量组合下三语习得的普遍规律,除了为少数民族三语习得教学与学习中出现的低效问题提供解决方案外,也为其他三语习得者的研究提供有价值的参考。

20世纪80年代末,三语习得由于背景语言因素给三语习得过程所带来的特殊性与复杂性,而从二语习得研究领域中独立出来,成为新的研究领域。由于起步较晚,三语习得的模式及其影响因素的研究成果相对较少,因此本研究借鉴二语习得领域中的相关研究成果,对三语习得影响因素及路径进行研究。下文对二语习得和三语习得的模式及影响因素的研究进行综述。

第二节 二语习得模式及影响因素的研究综述

二语习得的研究最早要追溯到20世纪50年代,研究内容从对比和偏误分析、中介语研究、认知研究等延伸到与社会学、心理学、民族学、文化学甚至医学等学科交叉领域的研究。二语习得模式研究是对第二语言学习过程的研究,包括对学习者心理认知过程以及影响因素两个层面的研究。

二语习得者语言学习中的心理认知过程形成了语言的习得路径,语言学习过程所受到的影响因素的作用最终决定了语言习得的效果。对语言习得路径及其影响因素的研究是语言习得模式研究中密不可分、相互交织的两部分。下文对国内外语言习得模式及影响因素的研究从二语习得和三语习得两个方面分别进行综述。

一、国外主要研究

国外关于语言习得模式的研究始于20世纪末。具有代表性的研究成果集中在二语习得方面。三语习得是个从二语习得逐渐分离出来的独立的研究领域,发展不及二语习得成熟。因此,下文将先对二语习得的相关研究做综述,为本研究对三语习得影响因素及有效路径的研究提供理论借鉴。

20世纪80年代初,Krashen(1982)提出的"输入假说"和二语习得监控模式引起了学界广泛的兴趣与争议,并产生了一系列较有影响的研究成果,如,综合模式(Stern,1983)、社会教育模式(Gardner,1985)、通用模式(Spolsky,1989)、二语习得解释框架(Ellis,1994)、二语习得输出假设(Swain,1995)、互动假说(Long,1996)、二语习得一体化模式(Gass and Selinker,2008)等。这些模式由简单到复杂,由静态到动态,由认知的单一领域到与社会环境的互动领域,从单因素影响变量的研究到多因素影响变量系统的研究,不断地丰富和发展着二语习得的模式理论,为人们展现了一个日益完善和客观的二语习得过程。

Krashen(1982)的二语习得监控模式一经提出就立刻引起了语言学界的广泛瞩目,也遭到了不少质疑。也是由于各种质疑,后继有诸多模式提出,这些模式各有一说,各有侧重。二语习得监控模式包括"5大假说":"语言习得与学习"假说、监控假说、自然习得顺序假说、输入假说、情感过滤假说,其中最为经典的是语言输入假说(Input Hypothesis)。在该假说中,Krashen分析了环境因素、学习者的语言学能和情感因素以及监控心理机制在二语习得中的作用。他强调可理解的语言输入(comprehensible input)是实现二语习得的唯一必要充分条件。他把外部环境中丰富的可理解性语言输入和内在的与生俱来的语言习得机制(language acquisition faculty)看做是语言习得成功的两个基本条件。Krashen从认知与心理的角度洞察了语言输入在习得过程中的内隐机制,强调了语言输入必须是可理解性的,有别于自然供给的语言输入,为语言输入的有效性限定了前提条件,也为后来的研究打开了一个新的视角。他的输入假设对语言教学具有重要的指导意义。二语习得监控模式的五大假说形成了语言习得"语言输入—语言加工—语言输出"基本路径的雏形。监控假说强调认知心理对语言习得的作用、习得顺序假说、情感过滤假说都为语言习得的影响因素研究奠定了基础。

Krashen的监控模式虽然为二语习得的理论和实践研究做出了开创性的贡献,但因过于强调语言输入的作用而受到质疑。他认为如果给学习者提供了足够的、可理解的语言输入,那么第二语言学习者就能自动获得他们所需要的语法知识。然而,这一论断忽视了其他因素的重要性。大量丰富的语言输入并不等于学习者等量地吸收和内化,语言习得的过程离不开与社会环境的互动,外在的各种因素的影响可能促进或抑制语言输入的结果。输入是否变成吸收还受到学习者情感因素的影响,如学习动机、对目的语文化的认同或兴趣、自信心、焦虑,等等。所以,

第二章 研究综述

语言习得生成的路径从一开始的"输入环节"就受到各种因素的影响,或促进或抑制。

基于对 Krashen 输出假说的补充,Swain（1985,2005）提出了输出假说（Output Hypothesis）,输出假说强调可理解性的语言输出的过程,更加突出了可理解性的输出环节在整个二语习得过程中的作用与功能。Swain（2005）认为语言输出不是语言习得的结果,而是语言习得的过程,输出是了解人类思维活动的一种认知工具。Swain 的输出假说关注到内在习得与外在运用之间的互动关系与作用。然而,Krashen 认为 Swain 过分地强调了语言输出在语言习得中的作用,认为语言习得在没有输出的情况下依然能够完成,强迫的语言输出有时会使学习者产生情感焦虑,因此不能够依此客观地判断学习者语言习得的效果。Krashen 否认输出假说是语言习得的必要条件,并把互动纳入为可理解性语言输入的一部分。

Krashen 和 Swain 争议的焦点主要集中于语言输出的作用与功能上面。综合 Krashen 的输入假说与 Swain 的输出假说,二者完成了语言习得的基本过程。Swain 对自己的理论不断完善的过程中,提出语言输出不是语言习得的最终结果,输出的过程中有不断的练习、反馈、调整,这些环节周而复始,循环反复,不断提高语言输出的质量,促进二语习得的生成。这一过程的描述在 Krashen 的输入理论的基础上增加了新一轮的输入和输出过程,然而这一轮语言习得的过程是语言习得效果强化的过程,有别于初次的输入、输出过程。

Long（1981,1996）综合了 Krashen 和 Swain 的观点,提出了互动假说（Interaction Hypothesis）,将语言习得的路径完善为输入—输出—互动—反馈。显然互动假说吸收了 Swain "输出是习得的过程而不是结果"的观点。然而,二语习得的输出不是结果而是过程这一观点无形中把二语习得的路径无限延长化,使之陷入无限循环之中。因为,反馈连接了学习者的语言输出和内部的加工机制,重启了"黑箱"功能。这就出现一个问题,如果语言输出不是结果而是二语习得的过程的话,语言习得始终就在过程之中,永远没有结果。的确,二语习得是一个不断接近目的语的过程,可能学习者的一生也无法达到目的语的水平,所以本研究可以把语言习得的首轮输出环节看作是相对的语言习得结果,"语言输入—语言加工—语言输出"可以看作是基本的语言习得路径。

Stern（1983）提出的二语习得的综合模式突出了二语习得各个环

节以及各种因素之间的互动。认为二语习得的结果是由学习者、社会环境、学习条件和学习过程交互影响,综合作用而最后决定的。这种综合互动模式的提出为后来二语习得的动态一体化理论奠定了基础。

Gardner(1985)从社会学的视角切入,提出了二语习得的社会教育模式。他分析了社会环境、个体差异、习得环境、习得结果这四组变量,强调社会文化观念与学习者的认知与情感差异共同作用、影响不同环境下的二语习得结果。社会教育模式凸显了社会环境因素与二语习得路径各个环节之间的互动。将二语习得的路径置于宏观的社会视角。

Spolsky(1989)提出的二语习得通用模式比较全面地讨论了二语习得的影响因素,如年龄、智力水平、语言学能、学习风格、学习策略、性格、学习焦虑;社会环境因素、个人情感因素,如态度、动机;二语习得的机会;语言输入的方式方法,等等。二语习得通用模式强调二语习得中学习者的个体差异,包括智力水平、认知能力、语言学习能力、具体的语言能力(使用语言的能力),这些取决于二语习得者的遗传因素和生理基础,并对语言习得的成效有一定的预测作用。虽然Spolsky的通用模式比较全面地概括了二语习得的影响因素,但他没有将语言因素纳入其模式范围内。

Susan Gass(1988,1997,2001,2005,2011)整合二语习得的各种模式提出了包括被感知的输入、被理解的输入、吸收、整合和输出环节的二语习得一体化模式。二语习得一体化模式将输入的层次分成了被感知的输入(语言形式)和被理解的输入(语言意义)两个方面的层级形式,并且在语言习得路径中增加了语言加工的环节,突破了原有的理论。

从以上二语习得模式的发展可以看出,语言习得过程的研究始终或多或少都涉及了影响因素的讨论。语言习得路径具有共性的特征,影响因素则具有个性化差异。语言习得的最终的结果是由语言习得的影响因素决定的。Krashen(1982)在其二语习得监控模式中分析了环境因素、学习者的语言学能、情感因素以及监控心理机制在二语习得中的作用。Stern(1983)分析了学习者因素、社会环境因素以及学习条件对二语习得的综合作用。Gardner(1985)强调社会环境、学习者在认知(语言学能等)与情感方面(动机等)的个体差异以及习得环境的作用。Spolsky(1989)认为学习机会、学习者特征以及环境对语言与非语言结果起着重要的作用。Ellis(2004,2008)的二语习得解释框架,把"输入—语言加工机制—输出"路径中的语言加工机制视为"黑箱",强调社会环境因素、语言加工机制和学习者因素通过不同的方式交织在一起,共同作用于语言习得的结果。可见,虽然语言习得路径是认知过程层面的研究,影响因素是认知过程之外的影响变量,但是二者的研究始终交织在一起。

在二语习得的研究领域中,围绕着语言习得路径和影响因素,形成了认知和社会文化两大派系。认知派强调二语习得的过程本质上是心理认知过程,而社会文化派则强调二语习得是环境与人类互动的结果,社会环境的影响不容轻视。认知派和社会文化派的分歧在于语言认知观不同。社会文化派认为人类的认知源起于外部的环境,不存在脱离环境的认知;认知派认为无论社会环境有多大影响,二语习得终究还是个心理过程,学习者的语言习得方式不会有大的变化(文秋芳,2010)。其实二者的观点都没有完全排斥或否认对方,只是各自所持的重心不同而已。终究二语习得的路径受到诸多内部的、外部的因素的影响;心理认知的过程绝不是在真空中完成的,其结果必然因为各种因素的作用而发生变化。

综观国外二语习得的模式研究,我们发现从最早 Krashen 提出了基本的语言习得路径和影响因素到后来学者们从各种质疑中提出自己的观点和理论,二语习得的路径不断地细化、拓展、延长,所涉及的影响因素也更加地繁杂。大家所提出模式虽各有侧重、角度相异,却都有交叠之处,即都没有离开过语言习得的基本路径"语言输入—语言加工—语言输出";即便是"吸收""融合""注意""重构""程序化""交互""再加工"等环节也最终可纳入语言加工机制这一"黑箱"之中,而很多学者关注并强调的"反馈"环节是黑箱与语言输出的连接器,是语言再加工的启动器。

由上可见,二语习得的各种模式所提及的影响因素涵盖了外因、内因、智力因素和非智力因素、可控因素和不可控因素,都不同程度地强调了环境、语言、情感和学习者个人因素这些核心要素对二语习得过程的影响,差别在于侧重点不同。虽然以上各种模式都对二语习得的路径进行了描述,并对各种影响因素的作用机制进行了理论上的分析,但是都没有对影响因素之间的关系和对语言习得的作用强度进行量化和对比,因此我们无法确定各种影响因素对二语习得的输出结果的具体作用状态,即孰重孰轻。

二、国内主要研究

国内二语习得模式研究起步较晚,但也取得了一定成果。基于国外二语习得的模式和影响因素的研究,我国学者对这些理论进行了引入、介绍和本土化。下文对国内二语习得模式及二语习得影响因素的研究进行综述。

中国知网 CNKI 数据库检索结果显示,国内有关二语习得模式的研究数量较少,有关二语习得影响因素研究相对较多;对理论进行探讨的文献较多,实证研究文献较少;理论方面的创新不多,理论研究缺乏实证检验;研究使用的方法包括量化研究、质性研究和量化与质性结合的混合研究;研究对象集中在我国普通外语学习者,而对我国少数民族外语学习者群体的研究较少。

从研究的内容来看,国内二语习得模式研究大致可分为三类:二语习得路径研究、二语习得一体化模式研究和二语习得成效研究。第一类是对二语习得路径的研究。王初明(2011)在《外语教学三大情结与语言习得有效路径》一文中提出了"互动—理解—协同—产出—习得"这一语言习得路径。他将语言习得置于交际互动之中,强调语言学习者与高于自己语言水平的人互动,从而促进语言习得。王初明的语言习得有效路径重点在于对语言习得过程的研究,他强调互动是语言习得的源头,并对促进语言习得的因素进行了"语言因素"和"非语言因素"的分类,这一分类凸显了"语言"因素在语言习得中的作用。王初明(2001,2011)强调"情感"和"母语"以及"母语文化"对语言习得的促进作用,他将情感因素比喻为学习的发动机,认为情感因素对语言习得有驱动作用,也提及了对社会文化因素对语言习得的促进作用,但忽视了对目的语文化给语言习得所带来的影响。王初明的"语言习得有效路径"对语言环境的要求较高,其中的输入环节一开始就被置于互动的环节中,这与我国有限的外语学习环境现实不相符。需要特别说明的是,该路径中的语言输入环节与 Krashen 等人所提到的输入环节并非等值之物,也有别于本研究中的语言输入环节,我们可以将之看做是"语言输入—语言加工—语言输出—互动—反馈"中后两个环节的强化,即可视为新的一轮继生再输入过程,这也是为何其输入环节对语言环境要求较高的原因。

第二章 研究综述

第二类研究是对二语习得一体化模式的研究。国内学者戴运财（2012,2013）综合国外二语习得的各种模式,结合国内外语学习者的特点,创建了本土化的语言习得模式。他梳理总结了国外二语习得模式理论,把它们分为：二语习得过程模式、二语习得心理机制模式和二语习得通用模式,并在此基础上整合,提出了本土化的二语习得一体化模式。其模式强调二语习得中的诸多影响因素处于动态的相互作用之中,它们之间的交互作用构成了复杂的动态系统,决定着二语习得的速度和最终水平。该模式虽然从认知的角度将语言输入和加工环节进行分解和细化,展示的二语习得路径也比以往的研究更加完整,对影响因素的概括也更加全面,但是仍然停留在理论探讨的层面,没有实证的研究数据来证明模式的科学可靠性。

第三类研究聚焦于对二语习得成效的评价,二语习得成效一直是学者们较为关注但又没有求得理想结果的问题。基于 Bialystok（1978）二语习得模式的分析框架,王鉴棋（2013）提出了二语习得的效率分析框架,建立了二语习得效率坐标,其中纵坐标是语言能力,横坐标是学习投入（见图 2-1）。

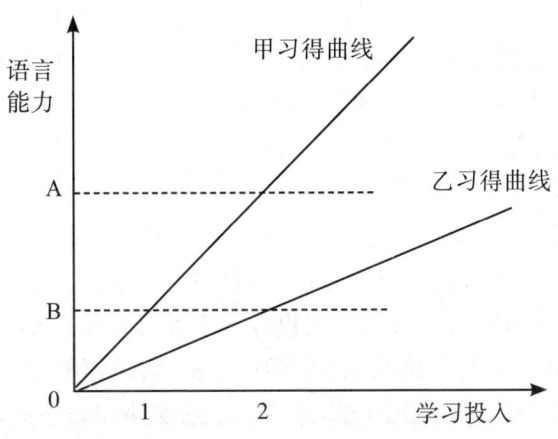

图 2-1　二语习得效率坐标（王鉴棋,2013）

王鉴棋认为只有将各种影响二语习得效率的因素或者各种不同的习得路径放在这种框架中,才能进行有效的对比分析。但本研究认为语言习得的影响因素与语言习得路径构成了多维动态的系统,该坐标虽然可以从一定程度上描述或预测投入与产出的关系,但由于二维坐标的局限性,我们很难把庞杂的影响因素间复杂的关系置于二维的关系下来分析。因此,本研究主张用动态的、全面的、系统的和发展的观点研究语言习得与语言产出或语言习得路径的问题。

以上二语习得模式的研究虽然既研究了语言习得的路径,也探讨了语言习得的影响因素,但是重心却明显地放在了语言习得的心理认知过程之上。而二语习得影响因素的研究则抛开了对语言学习者心理认知过程的研究,只关注影响因素对语言习得结果的影响作用。

二语习得影响因素庞杂,某一项研究不可能包罗万象,研究者大都依据自己研究的需要,选择特定视角对之进行分类和研究。戴炜栋、束定方(1994)将影响外语学习的因素分为学习者个人因素、学习过程因素和环境因素,这些因素相互作用,共同决定学习者外语习得的质量。其中学习者因素,如学习动机、学习态度、学习能力和学习方法对学习者处理输入的效率起决定作用。许多研究表明年龄、性别、家庭影响、性格、学习方法、动机、目的和态度等学习者"个体差异"因素是导致语言习得结果相异的主要原因(吴一安、刘润清,1993;文秋芳,1995,1996a,1996b,1998;王初明,1989,1991;华惠芳,1998)。

戴运财(2012)将影响二语习得的因素归纳为三个子系统,即环境因素、学习者因素和语言因素。每个子系统中都有其核心变量,从内部而言,核心变量相互作用、互动,从外部来看,三个子系统也相互联系,发生交互作用。其中环境因素包括社会环境、学习环境和语言环境三个层面。学习者因素包括个体认知差异(智力、学能、工作记忆)、个体情感差异(动机、学习风格、性格)和学习策略差异;语言因素主要是指语言的结构性特征,包括语言距离、语言标记性和语言原型性,这三个子系统都服务于语言迁移。该模式强调,不仅各个影响因素之间的作用是交互的,而且影响因素的子系统之间也存在着交互作用。语言习得的最终结果取决于整个动态系统联动的结果。虽然戴运财对语言习得影响因素概括得比较全面,并突出了影响因素的系统性和动态关联的特征,强调了所有因素共同作用于中介语的发展,最终作用于语言习得的结果。但是,与以往的影响因素研究一样,他的研究没有回答各种因素是如何相互关联互动的,又是如何作用于语言习得的结果这一问题。

文秋芳(1993)研究了学习者因素对学习者语言水平的影响,采用偏最小二乘法分析(PLS)法分析了各组影响因素之间因果关系,建立了二语习得影响因素的因果模型。她将二语习得的学习者因素分为不可调节的学习者因素(unmodifiable learners variables)、可调节学习者因素(modifiable learners factors)。其研究结果显示学习者的学习策略为语言水平的直接影响因素；学习目的、归因观念、管理观念、管理策略、努力等为语言水平的间接影响因素。

柳鑫淼(2014)也对学习者因素进行了研究,建立了基于动态系统理论的英语学习者个体差异模型,与以往研究不同的是她将环境因素也纳入学习者因素之中,并将学习者因素分为先天因素变量(innate variables);直接变量(direct variables)和中介变量(mediating variables)。其研究结果表明,动机因素尤其是融合型动机对学习者的努力程度起决定性作用,融合型动机越强的学习者,在英语学习中投入时间与精力越多,进而对学习策略产生直接的影响。

柳鑫淼的英语学习者个体差异模型在文秋芳的因果模型理论基础之上有了进一步深化。她对二语习得结果的影响因素不仅做了直接影响变量分析、间接影响变量分析还做了中介变量的影响分析。对语言习得结果的测量指标从单一的考试成绩扩展到听、说、读、写四个方面的指标量化。研究数据分析手段采用了SPSS多变量分析和AMOS结构方程模型分析法。

因果模型和学习者个体差异模型不仅强调了二语习得影响因素内部的动态关系,还利用统计学手段对各因素之间的因果关系进行了分析,比Krashen等人早期的研究更注重语言习得影响因素对习得效果的影响,更偏向于解决实践中的问题。因果模型和学习者个体差异模型的建立为二语习得影响因素动态关系的研究提供了更加精确的关系图谱,使该领域的研究有了新的突破。

然而,以上两个二语习得模型都存在不足。首先,两个模型中语言习得影响因素变量的组合都没有将语言因素和社会文化因素纳入其中；其次,两个模型中所有影响因素的落脚点都在于语言习得路径的输出环节,忽视了对语言输入环节和语言加工环节的关注。语言习得的影响因素作用于"语言输入→语言加工→语言输出"整条路径,而并非某个环节,现有的研究都将影响因素的作用全部指向"语言输出"环节,缺乏对语言习得路径完整过程的分析。此外,因果模型和学习者个体差异模型虽然都揭示了影响因素与语言习得结果之间的因果关系,并将模型置于动态理论之中,但是仍然没有充分体现动态系统理论的本质特征,即影响因素系统内部各因素之间,以及与外部环境之间的因果关系处于不断变化之中。

国内对二语习得模式和影响因素的研究从研究方法上来看大致可以分为两类，一类为理论探讨，另一类是定量或定性的实证研究。研究方法包括量化研究和质性研究，以及量化与质性结合的混合式研究。20世纪末，国内学者开始把Krashen的输入假说引进国内，并且应用于外语教学，同时也对二语习得的模式和影响因素进行思考，纷纷著文讨论二语习得路径和分析影响因素的作用机制（如，戴炜栋、束定芳，1994；王初明，2011；戴运财，2012；2013）。量化实证研究大多从某个或某几个因素（如，动机、学习策略、学习环境等）入手，调查其与语言成绩或学习成效之间的关系。进入21世纪初，语言习得影响因素对语言输出作用的实证研究明显增多。

纵观国内外二语习得的模式以及影响因素研究的发展，我们发现语言习得的路径经历了从简单到复杂，从粗略到精细，从短到长，从片面到全面，从静态到动态的逐步完善的过程；影响因素研究经历了从单一变量到多个变量，从多个变量到变量系统的发展过程，研究方法也由从单一方法运用变成了多种方法混合使用。二语习得模式可以从一定角度解释二语习得过程，并从一定程度上预测二语习得的结果，但是这些模式都缺乏对影响因素作用的强度和作用机制更深入的分析，也缺乏在实践中的检验。虽然数学建模、统计等方法用于该领域的研究后，通过实证研究的数据与模型的拟合度检验可以对模型的优劣进行检验，但已有的相关研究仅对二语习得路径的输出端进行了研究，对于语言的输入端和语言加工环节都未有提及。

目前，对二语习得模式进行实证检验的研究不多。二语习得过程中，影响因素对二语习得路径的作用不是均衡的，如果不对影响因素的作用状态进行测量和描写，我们就无法有的放矢地对语言习得过程和结果进行调整和控制。针对该研究范式中的不足，戴运财（2016）指出，目前二语习得研究尚未提供有效的工具来预测二语习得的结果。他建议找出二语习得系统中重要因素的组合体，在实证层面对其进行检验。本研究拟结合三语习得过程及三语习得者的特点对影响因素进行梳理，分类，并提取可控性影响因素组合，对实证研究中采集的数据利用社会统计学SPSS19.0软件及结构方程模型分析软件AMOS22.0进行分析，提取语言水平转化的预测因素，并构建三语习得路径模型，最后置之于教学实验中进行检验。

第三节　三语习得模式及影响因素的研究综述

三语习得研究始于20世纪80年代,起初被看作二语习得研究的分支,其原因在于研究者们强调了语言习得的共性,而忽视了三语习得的特性(范临燕,2019)。在三语习得中不仅母语影响语言习得的过程,而且第二语言也起着不可忽视的作用。三语之间的关系远比二语之间的复杂,三语习得也因此而成为一个独立的研究领域。国内外三语习得研究趋势大致相同,但国外研究更加深入,研究的范围也相对更广,成果也比较丰富。国内的研究从总体来看视角比较分散,方法较为单一,缺乏连续性和系统性。下文对国内外三语习得模式及影响因素的研究进行综述。

一、国外主要研究

三语习得研究在独立成为新的研究领域之前被归属为二语习得研究,20世纪80年代Ringbom(1987)所著的《第一语言在外语学习中的作用》(*The Role of L1 in Foreign Language Learning*)一书问世,标志着三语习得研究的开始。这本书着重分析了母语和第二语言对第三语言习得所起的不同作用。该书一经问世,就引起了语言习得研究者广泛的关注,三语习得研究从此迅速发展起来。在过去的几十年,三语习得研究虽然取得了不少成果,但是与二语习得研究相比仍然有许多有待探索的空间。这可能源于两个方面的原因,一是三语习得群体远不及二语习得的群体大,因此学者们对三语习得的关注度没有二语习得那么高;二是由于三语习得的复杂性高于二语习得,其研究的难度也更高,因此学者们对之涉猎比二语习得少。

本研究通过Web of Science数据库以"trilingual""trilingual acquisition""trilingualism"和"third language"为检索词,用OR连接,并限定为标题,在更多设置的引文索引中选择SSCI,研究领域限定

为 Social Science，研究方向包括 Information Science Library Science，Psychology，Behavioral Sciences，Linguistics，Neurosciences Neurology，Audiology Speech Language Pathology，Communication，Education Educational Research，以及 Sociologyl；文献类型选择"Article"，最终检索到 38 篇文章，人工筛选剔除 2 篇失语症（Aphasia）研究后，其余分别来自 Brain and Language、Cognition、Neuropsychology、Developmental science、Neuroimage、Language and Cognitive Processes 等期刊。

除了期刊文献之外，21 世纪初，国外还出现了一些有关三语习得的经典著作如：Cenoz & Jessner（2000）的《英语在欧洲：第三语言习得》（*English in Europe：The Acquisition of a Third Language*）、Cenoz et al.（2001）的《第三语言习得中跨语言影响的心理语言学研究》（*Crosslinguistic Influence in Third Language Acquisition：Psychololinguistic Perspectives*）以及 Hoffman（2010）的《两个三语儿童的语言习得》（*Language Acquisition in Two Trilingual Language Children*）等。

国外三语习得的研究方法以量化实证研究居多；研究成果主要集中在二语习得与三语习得的区别研究、三语语际迁移研究、三语习得影响因素的研究以及元语言意识研究等。近年，随着研究者研究视野的拓宽，三语习得的研究逐渐发展为跨学科领域的交叉学科研究。

二语习得与三语习得的区别研究强调了背景语言的增加给三语习得过程带来的复杂性以及三语习得者认知过程的多样性，为三语习得研究领域的独立提供了理论依据。语言迁移研究发现，语际间的迁移主要发生在语音、词汇和语法方面。研究者们最先注意到的是词汇的迁移现象，分析了学习者的母语和第二语言在第三语言词汇习得过程中所起的作用（Cenoz，Hufeisen & Jessner，2001；De Angelis，2005；Weronika Szubko-Sitarek，2015；Nikola，Anna，Eger，et al. 2019）。语法迁移研究大多以生成语法理论为指导，研究学习者既得语言对第三语言习得句法结构的影响（Bardel & Falk，2007；Rothman J，Jorge González Alonso，Mayenco E P.，2019）。语音迁移研究在近十年呈现出明显增多的趋势，研究的语种涉及英语、法语、德语、西班牙语、荷兰语、马来西亚语等；研究对象包括爆破音、元音和辅音等（Simon & Leuschner，2010；Hassan，2015）。研究结果表明双语者的语音能力对他们习得三语语音有明显的促进作用。三语语际迁移研究的重点在于既得的背景语言对语言加工机制的影响，属于认知心理研究范畴。

由于背景语言的增加,三语习得所受到的影响因素比二语习得更加复杂。除了学习语言的起始年龄(Cenoz,2001;David B.,2018)、智力水平、语言学能(Kazuya,Saito,Yui,et al.,2019)等这些共有的影响因素外,三种语言间的心理语言距离(Kellerman,1983)、已有的背景语言水平、三种语言使用的情况(Hammarberg,2001)、习得语言的顺序(Hufeisen,2010)等都会影响第三语言的学习。三语习得与元语言意识的关系(如:Herdina & Jessner,2000)研究表明多语习得有利于学习者积累语言学习的经验,促进元语言意识的发展,进而反过来促进学习者多语学习水平的提高(De Angelis,2007)。这些在三语习得中十分重要的因素,在现有的语言习得模式研究中鲜有研究者提及或被轻描淡写,一笔带过。

三语习得领域虽然也有模型理论产生,但研究视角比较分散,没有形成二语习得模式研究那样的连续性和系统性。如 Green(1998)从认知心理学的视角提出了语言"激活"和"抑制"模型,认为在语言交际过程中,背景语言在大脑的语言区域处于不同水平的"激活"状态,在语言输出时受到不同程度的"抑制"。该理论为语码转换研究提供了理论基础。

Meiner(2004)的"多语处理模型"强调在多语习得过程中元认知策略培养的重要性。Hufeisen(1998)提出的"因素模型"突出强调了三语习得与二语习得影响因素的差异,提出学习者在学习第三语言时,所有既得的语言经验都会对第三语言的学习、认知和产出产生重要影响。Herdina & Jessner(2002,2005)从多语者既得的多语之间的关系入手,研究了语言习得的影响因素对语言产出的影响作用,以动态系统理论为基础而提出了"多语动态模型理论",强调多个语言系统相互影响。从上述研究可见,虽然三语习得模型的研究切入点不如二语习得模型研究的那么集中和具有连续性,有的强调了背景语言因素对语言输入、认知加工或者输出的影响作用,有的强调语言影响因素的动态系统性,但都为后续更深入的研究奠定了重要的基础,也为本研究对三语习得影响因素和路径模型的研究提供了理论上的借鉴。

与二语习得影响因素研究相比,三语习得的影响因素研究还属于比较初级的阶段,主要以单因素变量为视角研究影响因素对语言成绩的影响。三语习得影响因素的研究呈现出碎片化的特点,研究的深入性、连续性和系统性都滞后于二语习得。

综上所述,三语习得研究源于二语习得,但已独立成为新的研究领域,国外二语习得研究较为成熟,三语习得研究发展相对滞后。语言习得领域中认知心理学派与社会文化学派的相互借鉴与融合、动态系统理论(DST)在语言习得研究领域的应用,为三语习得研究开启了新的篇章,提供了更广阔的空间。本研究拟整合语言习得领域中认知心理学派与社会文化学派的观点及研究成果,借鉴二语习得模式理论、动态系统理论等相关理论来研究三语习得影响因素及路径,为三语习得领域的理论研究提供有益补充。

二、国内主要研究

国内三语习得研究20世纪90年代中后期才开始起步,在本世纪初进入研究高峰期。经过20多年的发展,成了一个独立的研究领域(韩曙花、刘永兵,2012),但目前还没有形成较为成熟的主流理论和模型(杨学宝、王坤邦,2017)。中国知网CNKI以"三语习得"为主题词的检索结果列出了321篇文献。其中CSSCI来源期刊文献仅35篇,分别来自《外语教学与研究》《外语学刊》《外语研究》《现代外语》《心理科学》《当代语言学》《新疆大学学报》《西藏大学学报》《中南大学学报》等期刊。国内三语研究的对象分为学习第二外语的外语专业学生和学习英语的少数民族学生。研究内容主要集中在三语语际迁移、三语习得影响因素以及语言政策、语言教学等方面,跨越了应用语言学、心理语言学、社会语言学、认知神经学和教育学等不同的领域。研究方法以实证量化研究居多,质性研究较少。国内三语习得研究内容大致与国外研究一致,但高质量的文献数量明显偏少。

在国内三语习得的研究中,语际迁移研究所占比例最大。由于语际迁移的复杂性,语言迁移的层面也表现得十分丰富。语际迁移会发生在语音、词汇和句法等层面,体现在语用中(魏亚丽、彭金定,2015;欧亚丽、刘承宇,2017),并且受到语言距离、学习者对三种语言的熟练程度等因素的影响。曹艳春、徐世昌(2014)用语音实验和统计分析的方法,对少数民族大学生在学习英语中元音的发音特点进行研究,发现学习者的L1、L2都能对L3语音产生迁移作用,并且L1对L3的迁移作用大于L2对L3的迁移作用;迁移作用的大小与三种语言间的语言(元音)距离有关。龙桃先(2014)从三语习得者三种语言的语言距离、语言熟练度、年龄、所学语言的新近性对三语习得的影响做了研究。研究表明，语言距离与语际影响成反比；母语与二语熟练度越高，对三语语际影响越小；年龄与二语影响成反比，与母语影响成正比；语际影响与新近性密切相关，新近习得的语言对语际影响起着主导作用。虽然三语习得的语言迁移研究已经取得了不少成果，但是对语言迁移本质尚无定论、迁移研究内容分布不均、研究方法也比较单一（周敏、秦杰，2018）。

国内三语习得影响因素研究也取得了一些成果。三语习得的成效取决于多种因素，包括智力的和非智力的，如学习者的认知水平、思维方式、智力水平、性格、焦虑、动机、认同和策略等。原一川（2009）对中国云南省的500多个少数民族学生学习第三语言时所受到的影响因素变量进行了研究，结果发现影响少数民族学生语言学习的因素包括：他们对目标语的语言态度、目标语文化、学习焦虑以及学习的内在动机等。该研究对三语习得的多组影响因素进行了研究，并且将对目的语的文化认同因素也纳入三语习得影响因素研究的范围，但对三语习得者的背景语言因素涉及不足。

我国是多民族的统一国家，三语习得研究中民族语言政策与教学实践的研究也占有一定的比例。国内三语教育的研究对象主要集中在少数民族地区，如新疆、西藏、内蒙古、云南等地。三语教育的研究内容包括政策研究和教育实践学研究，研究方法多以调查问卷的形式调查三语习得的现状。调查内容涉及学习者的语言学习动机、学习障碍、认知能力等以及三语教育中存在的问题等。例如，有研究对高校三语学生三语习得的特点和问题进行了分析，认为他们在英语学习中具有较多优势，但英语学习动机不足，只有针对他们英语学习的特点，激发他们学习动机，才能发挥其优势（古丽米拉·阿不来提，2011）。也有研究表明，三语学习者的背景语言和他们对三种语言的认知差异如果被忽视，在语言学习中就不能够表现出相应的能力（原一川、胡德映等，2013）。在三语教育研究中，有学者针对少数民族地区的外语教学提出了使用民族语和国家通用语辅助教学（吴白音那、文秋芳，2015），开设相关的区域性外语课程的建议（曾丽，2011）。这些研究体现了三语教育及相应的语言规划对三语习得的重要意义。

从以上综述可见，我国三语习得领域的研究成果主要集中在语际迁移方面，对于影响因素的研究以单因素变量居多，三语教育研究具有区域性特征。我国在三语习得模式方面的研究还是空白，还未见有学者用动态系统的观点将三语习得影响因素看作一个系统来进行研究。

　　国内外三语习得模式及影响因素研究方面存在的诸多不足,为本研究提供了研究的空间。与原一川(2009)等的三语习得影响因素变量研究框架相比,本研究影响因素的框架增加了背景语言因素(包括语言迁移意识、心理语言距离),扩大了文化认同因素的内涵(包括对目的语言、目的语国家的习俗、节日、饮食、艺术等方面的认同与兴趣),并将之附加于三语习得路径,构建基于可控性影响因素的三语习得有效路径模型。

第四节　本章小结

　　本章首先厘清了本研究涉及的语言习得领域中的主要概念,之后对国内外语言习得模式及影响因素的研究进行了综述,重点对国外的二语习得监控模式、输出假设模式、互动假说、综合模式、社会教育模式、通用模式和一体化模式,对国内的语言习得有效路径、二语习得一体化模式、二语习得效率分析框架、因果模型和个体差异因素模型进行了述评。二语习得监控模式过分强调了可理解性输入,而忽视了其他因素对语言输入的促进或抑制作用。输出假设模式则走向另一个极端,过分强调了输出在语言习得中的作用。互动假说吸收了以上两种模式的观点,并强调了互动与反馈,但自此二语习得的路径被无限延长,陷入无限的输入到输出的循环之中。二语习得的综合模式强调二语习得各个环节以及各种因素之间的互动,为后来二语习得的动态一体化理论奠定了理论基础。二语习得的社会教育模式突出了社会环境因素与二语习得路径各个环节之间的互动,将二语习得的路径置于宏观的社会视角,也为本研究将认知心理学派的研究与社会文化学派的研究相整合提供了启发与借鉴。二语习得通用模式比较全面地概括了二语习得的影响因素,强调了学习者的个体差异,但忽视了语言因素的影响。二语习得一体化模式在语言习得路径中增加了语言加工的环节,突破了原有的路径模式,但是没有对影响因素的作用强度、作用路径等进行研究。

　　国内学者提出的语言习得有效路径强调了高水平的互动语境,但这受到国内整体的外语语言环境的限制。该路径还突出了"情感""母语"

和"母语文化"对语言习得的促进作用,这为本研究将背景语言因素、情感因素和社会文化因素列为三语习得的主要影响因素提供了依据。国内学者提出的因果模型和学习者个体差异模型不仅强调了二语习得影响因素内部的动态关系,还利用统计学手段对各因素之间的因果关系进行了分析,为二语习得影响因素动态关系的研究提供了更加精确的关系图谱,使该领域的研究有了新的突破。然而这两个模型都没有将语言因素和社会文化因素纳入研究框架,而且所有影响因素作用都指向了语言习得路径的输出环节,忽略了语言习得路径的整体性。

研究综述发现,二语习得的模式经历了从简单到复杂,由静态到动态,由认知的单一领域到与社会环境的互动领域的过程;影响因素研究也从单因素影响变量的研究发展到多因素影响变量系统的研究。虽然二语习得的模式理论不断完善,但是依然存在许多不足。首先,以上各种模式虽然都对二语习得的路径进行了描述,并对各种影响因素的作用进行了理论上的分析,但没有对影响因素之间的关系进行描述,也没有对影响因素的作用强度进行更深入的探讨。影响因素对二语习得路径的作用并不是均衡的,如果不对影响因素的作用状态进行测量和描述,我们就无法有的放矢地对语言习得的过程和结果进行调整和控制。其次,虽然二语习得模式可以从一定角度解释二语习得过程,并从一定程度上预测二语习得的结果,但是这些模式缺乏实践的检验。最后,现有的二语习得影响因素与语言水平之间的研究将所有影响因素的作用都指向了二语习得路径的输出环节,对于语言的输入环节和语言加工环节都未有提及,这忽略了语言习得路径的完整性和语言习得过程的系统性。

三语习得的研究兴起较晚,早期研究首先关注的是二语习得与三语习得的区别,随着三语习得独立成新的研究领域,三语习得研究视域逐渐扩宽,研究内容由语际迁移研究及其影响因素为主,转向更广泛的领域,跨学科领域的研究日益增多。三语习得跨学科的研究突破了不同学科之间的壁垒,给人们展现了三语习得更多维的视角,三语习得研究与社会学、心理学、脑神经科学的结合给该领域的研究增加了新的突破点。

从近10年的国内外语言习得研究成果来看,语言习得领域认知心理学派与文化学派虽然在观点上有融合的趋势,但是在研究实践中依然各持其重。三语习得所受到的影响因素的影响比二语习得更加复杂,由于二语和三语的主要区别体现在背景语言所带来的各种差异上,因此在三语习得中应该更加强调语言因素对语言习得过程和结果的影响。在三语习得过程中,背景语言因素对 L3 语言的有效输入与认知加工都有重要的影响作用,文化认同因素与学习动机的关系研究也早在 20 世纪 70 年代就开始了,但以上两个因素在已有的三语习得影响因素与路径研究中鲜有人问津。

虽然学者们对三语习得影响因素的划分没有形成统一的标准,但是对于主要的影响因素变量都囊括其中。虽然有些因素变量名称不同但概念的内涵一致或在一定程度上有所交叠。

国外的三语习得模型与影响因素研究虽然取得了重要的成果,但是与二语习得相关研究一样,社会认知心理学派与社会文化学派的融合仍然不够全面和深入。三语习得模式的研究连续性与系统性不足,三语习得影响因素的研究虽然较为全面地归纳和讨论了三语或多语学习中的影响因素变量,但仍缺乏对影响因素作用强度和作用路径的分析。如何提高语言的有效输入,从何下手来促进语言的输出,以及怎样对语言习得路径进行优化等问题,都没有在以往的三语习得模型研究中深入研究或验证。

与国外的三语习得研究相比,国内三语习得研究的视角、内容和方法都相对单一,虽然也取得了不少成果,但从现有的研究文献来看,理论方面的创新不多,研究缺乏实证检验,研究的视角比较分散,尚未形成有影响的理论与模型。研究对象集中在中国外语学习者,而我国少数民族地区学习外语的群体不小,以他们作为对象研究其第三语言习得过程和影响因素的文献非常少,核心文献更显稀少。国外三语习得研究学科跨度较大,与认知心理学、脑科学技术、医学相结合,取得了突破性的进展;而我国在以上方面的研究才刚刚崭露头角。在我国"一带一路"倡议下,国内对三语及多语习得的研究需求较以往更加迫切。

综合国内外研究,语言习得模式的研究始终是语言习得路径与影响因素交织在一起的研究,语言习得过程复杂,影响因素千变万化,很难穷尽。但是语言学家们无一例外地都认同,在语言习得过程中方方面面的影响因素会促进或抑制语言习得的结果和成效。他们在讨论语言习得模式时,都对庞杂的影响因素进行了分类,虽然分类莫衷一是,有的提法不同,但终究我们看到他们的分类有许多重叠的部分。毋庸置疑,现有的语言习得模式可以从一定角度解释语言习得的过程,并从一定程度上预测语言习得的结果,但是这些模式缺乏实践的检验。此外,现有的三语习得模型均以印欧语系为背景,跨语系的三语习得研究以及反映三语习得的普遍性和特殊性规律共存的三语习得模型的构建是突破当前研究局限性的可能途径(杨学宝、王坤邦,2017)。

基于上述在语言习得的模式及影响因素研究综述中发现的不足,本研究整合认知心理学派与文化学派的研究成果,提出语言习得基本路径的概念。并以我国高校少数民族三语生为例,结合三语习得的特点将背景语言因素与文化认同因素纳入三语习得影响因素研究框架。本研究借鉴二语习得研究对影响因素的分类,对三语习得主要影响因素和其中的可控性影响因素进行研究。采用社会统计学多变量分析、路径分析等方法对各影响因素变量间的关系进行分析,对可控性影响因素的作用强度进行测量和描述,并对语言习得结果预测因子进行提取,最后通过结构方程模型软件 AMOS22.0 构建三语习得路径模型,并置于教学实验进行效果检验。

三语习得影响因素及路径的研究,旨在通过对三语习得影响因素的研究构建三语习得有效路径模型,促进三语习得生成,优化三语习得结果,提高三语习得成效。本研究借鉴二语习得模型及影响因素的研究成果,对三语习得路径进行研究,是对语言习得理论的扩展,为三语习得理论研究提供有益补充。

本研究希望通过对高校少数民族三语生三语习得的研究,发现优化三语习得结果的普遍规律,找到三语习得有效路径;希望除了为少数民族外语教学与学习实践中一些问题的解决提供方案外,也能为外语专业的三语甚至多语学习群体的相关研究提供有价值的借鉴。

第三章 研究方法与设计

本研究旨在厘清三语习得主要影响因素,归纳学习者可控影响因素组合,分析可控性影响因素之间的关系以及它们对学习者三语习得过程和结果的影响,并以研究结果为依据,构建三语习得有效路径模型,为三语学习者与教学者提高学习效果和教学效果提供理论指导。本部分的研究分为量化研究、质性研究和教学实验三个部分。本章将围绕三个研究问题分别从研究对象、研究问题、研究工具、数据收集/研究变量和数据分析几个方面对研究设计进行阐述。

第一节 研究对象

本研究以五所高校(包括医学、师范、农业、财经和综合类院校)的613名少数民族三语生为例,研究了三语习得的影响因素和路径,希望通过对高校少数民族三语生三语习得(L3)的研究,构建三语习得有效路径,提高三语及多语者语言学习的效率,推动我国加快对三语或多语人才的培养进程。

高校少数民族三语生在三语习得过程中,在语际迁移、情感因素和学习者策略等方面都表现出自己明显的特点。

首先,背景语言的增加使得三语习得的生成机制比二语习得要复杂得多,三语习得研究也因此独立为新的研究领域。二语习得中的语言迁移是两个语言体系之间的双向互动,即 A→B 和 B→A;而三语习得中的语言迁移则涉及三个语言系统之间的多向互动,即 A→B、B→C、A→C、C→A、C→B、B→A,甚至可能还有更多的组合,因为两种既得语言体系的交织产生的中介语体系,可能也会对另一种在学语言产生影响。因此,跨语际的语言迁移远比二语习得复杂,而且三种语言所跨越的语言距离很大程度上影响着语言学习者的学习效果,语言距离越近学习难度越小,语言距离越远则学习难度越大(顾伟勤等,2011;Kellerman,1977)。国外较有影响的二语或三语的研究大都是处在同一语系中,而我国的二语或三语的研究跨越语言的距离较远。例如,我国的国家通用语言属于汉藏语系,维吾尔语、哈萨克语属阿尔泰语系,英语属印欧语系。这三种语系在语音、语法、句子结构等语言学各个层面的差异都比较大,二语习得过程中语言迁移对二语习得的结果起着促进或阻碍的作用,三语习得中的语言迁移发生在三种语言之间,作用机制更为复杂。加之,一语(L1)、二语(L2)背景语言水平的不均衡性更增加了三语习得的复杂性(Bardel,2007)。高校少数民族三语生大都是在习得了母语(L1)之后学习国家通用语言(L2),然后再通过国家通用语言作为媒介来学习第三种语言,即外语(L3)。目前高校少数民族三语生所使用的外语教材都是由国家通用语言文字和外语编写而成,并且教师通常使用国家通用语言进行授课。所以国家通用语言的水平成为制约高校少数民族三语生三语习得效果的重要因素。由上可见,语言因素是影响三语习得结果的重要因素。

其次,情感因素是影响高校少数民族三语生三语习得的另一重要因素,包括对目的语的态度、对目的语文化的态度以及学习语言的动机等。研究表明高校少数民族三语生对英语语言的认同度比较高,持积极语言态度的三语生对英语学习的态度也相对积极(张燚等,2003;廖华英,2009)。文华俊(2014)的调查显示,绝大多数少数民族三语生对英语学习的热情较高,85.4%的学生表示如果学校不要求学习英语,他们也会继续学习英语。本研究2016年的阶段性研究成果也显示,高校少数民族三语生对英语文化认同度较高,大部分被试表示对英语语言和英语文化感兴趣,对英语的前景看好,并希望未来自己的后代能够顺应形势发展。

再者,关于动机的研究表明高校少数民族三语生的英语学习动机明确,但是动力并不持久。夏木斯娅(2009)对少数民族学生的调查显示,学生所处的多民族、多语言社会背景及其外向、开朗的民族特性,使其在英语学习中既具备较强的工具性动机和融合性动机,又具备强烈的内在动机和外在动机,其中工具性动机和内在动机相对更加强烈。吴霞

(2001)的调查表明,虽然绝大多数维吾尔族大学生持有深层学习动机,但是有的学生深层动机和表层动机均很强烈。吴霞、古丽扎(2001)对少数民族学生的调查表明,学生工具型和文化型动机并存;女生的英语学习动机较为抽象,而男生的更为具体和实际。以上研究反映出高校少数民族三语生的英语学习动机的特点为动机明显但行动力较差,努力不足,英语学习不能持之以恒,也缺乏计划性。

认同是情感因素中重要的部分,文化认同是对目的语文化适应的表现方式。语言与文化是相互依存的,语言是文化的载体,学习语言不可能置于目的语文化之外,文化认同因素是影响高校少数民族三语生三语习得的重要情感因素之一。高校少数民族三语生处于多元一体的语言文化环境中,有着多重的文化身份。本研究阶段性成果显示:对中华文化认同度高的学生对目的语文化的认同度也高,反之亦然。文化认同与个人的文化意识,对文化的敏感性、感受力、接纳力和理解力有关。无论学习何种语言,对目的语文化的认同程度取决于其对文化的敏感性,对异文化的开放性,语言学习者的文化认同受多方面因素的影响。语言只是文化的一个方面而已。文化认同除了受到所学习语言的影响,可能还会受到个人的心理特点、性格属性、价值观、世界观、文化观、家庭背景、教育背景,以及居住和学习所处地域的人文环境、政治、经济发展水平等方面的影响(练丽娟,2017)。但无论怎样,双语人甚至多语人的文化身份是多维的,文化认同状态也是复杂的,因此当我们对三语习得的影响因素进行研究时,就必须将之置于研究框架之内。

学习策略也是影响语言习得的重要因素之一,也是体现学习者个体差异的主要因素。本研究阶段性研究成果显示,高校少数民族三语生在第三语言学习过程中存在运用管理策略多、运用学习策略少,对第三语言学习的反思多、落实少,计划多、执行少的眼高手低的现象。高校少数民族三语生在语言学习的策略方面表现出缺乏的状态,这种"缺乏"分为两种情况,一种是缺乏策略的指导,即不懂得如何运用相应的策略帮助提高学习成效;另一种是了解或熟知语言学习的策略,但是疏于运用或惰于运用。前者与元认知策略有关,后者则与控制策略有关。

高校少数民族三语生在第三语言学习过程中表现出的特点可以概括为:受背景语言的影响,语际迁移复杂;学习者对第三语言普遍认同较高,学习动机明确,但是持久性不足,容易放弃并且两极分化严重;学习策略单一,实践运用不足。总体而言,与国内二语习得者相比,高校少数民族三语生有较好的语言感知能力,背景语言因素和情感因素对语言习得的影响更为突出。以上特点为本研究对三语习得主要影响因素的研究提供了依据。

第二节 研究总设计

本研究拟在梳理国内外语言习得模式及影响因素研究的基础上,结合我国高校少数民族三语生三语习得的特点,分析影响三语习得的主要因素,探讨主要因素中学习者可控性影响因素的变量组合,并调查可控性因素对高校少数民族三语生三语习得(L3)的影响,分析可控性影响因素对三语习得路径的作用,并依据研究结果建立三语习得路径模型。

一、研究问题

本研究提出研究问题如下。

高校少数民族三语生三语习得的主要影响因素有哪些?其中可控性影响因素有哪些?

可控性影响因素对三语习得结果的影响如何?哪些因素对提高三语习得水平具有预测作用?

基于可控性影响因素的三语习得有效路径是什么?

二、研究方法

本研究采用了量化研究与质性研究结合的混合研究方法,以文献查阅、问卷调查、个体访谈和教学实验相结合的方式进行。数据使用了社会统计学软件 SPSS19.0 和结构方程模型分析软件 AMOS 22.0 进行处理。使用 Logistic 数学建模的方法解决了语言水平从"低水平"向"高水平"转化的预测性因子的问题;用构建结构方程模型的方法厘清了可控性影响因素之间的因果关系,构建了三语习得路径,并在教学实验中进行了效果检验。

三、研究思路

本研究的研究路线图如下：

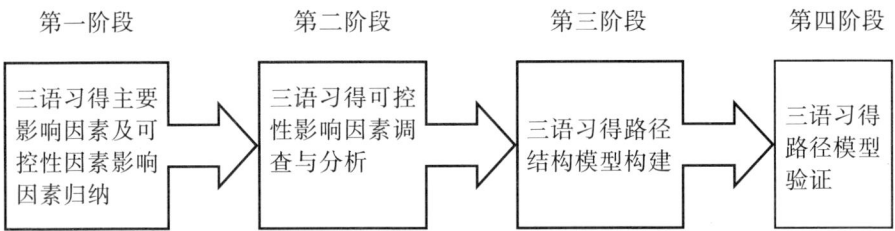

本研究分为四个阶段。第一阶段文献研究部分对20世纪70年代以来国内外语言习得模式的研究进行了梳理、分析、归纳和总结。在此基础上结合对边疆高校少数民族三语生三语习得现状的调查结果，归纳出三语习得的主要影响因素和其中的可控性影响因素变量组合。实证调查研究部分包括三个阶段：三语习得可控性影响因素调查与分析阶段、三语习得路径结构模型构建阶段和三语习得路径模型验证阶段。首先，本研究以问卷调查和半结构式访谈的方式对高校少数民族三语生三语习得的总体情况进行了调研。该部分调研围绕"教"与"学"两方面展开，旨在全面了解三语习得的主要影响因素，并在文献研究和现状调查的基础上归纳三语习得主要影响因素和其中的可控性影响因素。之后，通过问卷调查和半结构式访谈的方式对高校少数民族三语生的三语习得（L3）水平所受到的可控性影响因素的影响状况进行调查与分析。调查数据使用社会统计学软件SPSS19.0以及结构方程模型分析软件AMOS22.0进行分析，旨在分析三语习得可控性影响因素之间的关系。最后，在相关理论以及数据分析结果的基础上构建三语习得路径模型，并采用实验法进行效果的检验。

下文对每个研究问题的研究方法、研究对象、研究工具、数据采集以及数据分析等过程做详细分述。

第三节　第一个研究问题

三语习得有别于二语习得,三语习得的影响因素与二语习得的影响因素既有相同,也有相异之处。本研究首先对三语习得的影响因素进行分类,之后归纳出构建模型所需的可控性影响因素变量组合。

一、研究问题

研究问题一:高校少数民族三语生三语习得的主要影响因素有哪些?其中可控性影响因素有哪些?

三语习得影响因素包罗万象,其中哪些是主要的影响因素,在主要的影响因素中哪些又是可以调控以促成三语习得的呢?这是本研究需要回答的第一个研究问题。

二、研究方法

这部分研究采用文献查阅、问卷调查和个体访谈相结合的方式进行。为了全面了解三语习得的主要影响因素对三语习得的影响,本研究不仅对国内外相关文献进行了梳理,而且还对高校的少数民族三语生及一线教师和教学管理人员就他们的三语习得现状进行了调查。

研究对获取的中英文文献资料进行了对比、分析、综合和归纳;对高校613名少数民族三语生进行了问卷调查,对一线教师和教学管理人员采用了半结构式访谈的方法进行了访谈;最后本研究综合两部分的研究结果,结合高校少数民族三语生语言学习的特点,归纳出高校少数民族三语生三语习得的主要影响因素,并从中分出可控性影响因素。

三、研究对象

为了解高校少数民族三语生三语习得现状及主要的影响因素，本研究对多年承担相关课程的一线教师和教学管理人员进行了半结构式访谈。高校少数民族三语生的比例占60%以上，因此各高校的英语教师对三语生的英语教学都不陌生，例如研究者所在的高校对这部分学生的教学设有专门的教研组，所有教师均具有10年以上三语生英语教学的经验。研究者的采访对象包括了医科类院校的四名教师、一名教学管理人员、211重点综合院校的一名教师和教学管理人员、师范类院校的一名教师、农林类高校的两位教师和财经类高校的一名教师。

四、数据收集与分析

鉴于本研究文献综述发现的三语习得领域研究的不足，研究者通过 Web of Science、Springer Link、Library Genesis 等数据资源库查阅了国外20世纪70年代以来的有关二语习得模式、二语习得影响因素、三语习得模式、三语习得影响因素的英文文献与书籍；通过中国知网 CNKI 查阅了关于高校少数民族三语生外语（英语）学习现状、三语习得及其影响因素的相关中文文献。

2017年9月—10月，研究者对五所高校（包括医学、师范、农业、财经和综合类院校）的2016级少数民族三语生进行了问卷调查，调查数据通过社会统计学软件 SPSS19.0 进行了统计分析。

2019年5月—7月，研究者对五所高校多年承担相关课程的一线教师和教学管理者就少数民族三语生的三语习得现状、三语习得的影响因素进行了访谈。访谈围绕研究对象的"学"与教师的"教"两方面展开，旨在通过调查来了解高校少数民族三语生的三语习得现状全貌，归纳三语习得的主要影响因素。访谈采用了一对一的半结构式访谈，访谈后对录音进行了转写与分析。

第四节　第二个研究问题

本研究拟以可控性影响因素为"把手"实现对三语习得路径的优化,从而提高三语习得的结果。因此本研究需要对可控性影响因素与三语习得结果之间的关系进行研究,对三语习得水平具有预测作用的因素进行分析。

一、研究问题

研究问题二:可控性影响因素对三语习得结果的影响如何?哪些因素对提高三语习得水平具有预测作用?

二、研究对象

这一部分的研究采用问卷调查+个案研究的量化与质性研究相结合的混合方法进行。问卷调查的对象为五所高校的 613 名少数民族三语生(包括医学、师范、农业、财经和综合类院校)。这五所高校在比较具有代表性,对少数民族学生的招生规模比较大,生源来自南北疆各地,覆盖面较广。作为三语习得主体的高校少数民族三语生无论是自身还是学习语言的过程都表现出鲜明的特点。首先,高校少数民族三语生学习的三种语言属于不同的语系,语言距离较大,语际迁移复杂;其次,与普通的二语习得者相比,高校少数民族三语生表现出较好的语言感知能力,背景语言因素和情感因素对他们语言习得的影响更为突出。

三、研究工具

本研究的调查问卷分为两部分,第一部分用以了解研究对象的基本信息,包括性别、民族、学生类型、层次、文理科、母语水平(L1)、国家通用语言水平(L2)、英语水平(L3)以及开始学习英语(L3)的时间等。该部分旨在调查研究对象的基本属性和三语习得现状。第二部分为学习者可控性影响因素问卷,分为情感因素、背景语言因素和学习者策略因素三个维度,其中动机因素分为融合型动机和工具型动机两个部分;策略因素分为学习策略和管理策略两个部分。情感因素分为文化认同和动机两个部分。文化认同有5个测度项,包括对英语国家的饮食、婚庆习俗、节日、文化艺术等9个方面的认同度,句式为"我喜欢……"的陈述式语句。这部分参考了高一虹(2005)的"生产性双语现象"模式调查问卷以及Knutson(2006)的文化圈层问卷。背景语言因素是高校少数民族三语生三语习得中非常重要又具有特殊性质的因素,没有成熟的问卷可供参考,背景语言的心理距离和语言迁移意识来源于语言学习者的心理体验,语言学习的经验以及元语言意识,是主观的感受,是可控性的。因此,研究者依据语言的心理距离理论设计了3个问题,句式为"我认为……"的体验陈述式语句。依据Gardner(1985)提出的动机理论,动机因素分为融合型动机和工具型动机,该部分依据Gardner(1985)的动机量表改编,共包括8个测度项,句式为"我学习英语是因为……"的目的陈述式语句。依据文秋芳(1995)对策略的分类,结合研究对象的特点,参考O'Malley & Chamot(1990)的学习策略问卷,本研究提取主要的学习者策略因素,即学习策略和管理策略,设置了学习策略的4个测度项,句式为"我经常……"的陈述式语句;管理策略的5个测度项,句式为"当……时,我会……""我经常会……"的陈述式语句。

该部分的选项形式为李克特5级量表"1=完全不同意,2=不同意,3=不知道,4=同意,5=完全同意",旨在以量化的形式描写研究对象所受影响因素的状态。

问卷第一部分中的研究对象的三语水平与第二部分三语习得学习者可控性影响因素之间,以及各个维度的影响因素之间存在怎样的互动关系是本研究需要揭示的主要问题。

本研究调查问卷初步编制完成后,问卷内容与相关专家以及三位少数民族外语教师进行了进一步的讨论,在正式问卷发放之前,对问卷进行了初测与修订,最终确定了问卷终稿,保证了问卷的内容效度。问卷的结构效度使用SPSS19.0的因子分析(Factor Analysis)进行了探索性因子分析(EFA/Exploratory Factor Analysis)。问卷效度、信度分析见表 3-1：

表 3-1 三语习得可控性影响因素调查问卷效度、信度表

问卷效度、信度检验				
	KMO 值	df	P	Cronbaha's Alpha 值
文化认同	0.737	10	0.000	0.713
语言因素	0.704	9	0.000	0.721
学习动机	0.760	28	0.000	0.711
学习、管理策略	0.834	36	0.000	0.822
整体问卷	0.836	300	0.000	0.750

本研究对每部分的问卷都进行了效度、信度检验。检验结果显示，各部分的问卷以及整体问卷的效度、信度值均在 0.7 以上，说明整体问卷效度、信度良好。

四、数据采集

研究者于 2017 年 9—10 月期间联系五所高校的相关教师，约好时间亲自进班级（2016 级），在授课教师的帮助下一起发放调查问卷共计 650 份，并当场回收，有效问卷 613 份。调查数据由研究者在两位研究生的协助下分几次共同输入社会统计学软件 SPSS19.0。

五、数据分析

这部分研究对问卷调查回收的数据采用社会统计学软件 SPSS19.0 进行分析。本研究将国家公共英语四级水平以下水平的研究对象定义为英语"低水平"者，四级以上的研究对象定义为英语"高水平"者。研究者运用社会统计学软件 SPSS19.0 对数据做了如下分析处理。

（1）以英语学习的"高水平"组与"低水平"组作为因变量，问卷第二部分的 6 个维度的 25 个问题作为自变量，做 Logistic 回归分析，分析哪些可控性影响因素对 L3 水平的提高具有预测能力。

（2）以"高水平者"与"低水平者"作为自变量，问卷第二部分的 6 个维度 25 个问题为因变量，做独立样本 T 检验，观测两组学习者在哪些影响因素上有显著差异。以上统计分析用到的方法有相关性分析、差异

性分析、Logistic 回归分析。

为了分析各因素对三语习得水平的影响以及三语习得水平的预测因素,在数据分析时,对研究对象进行了英语"高水平"与"低水平"的分类。

早在20世纪70年代,美国语言学家 Rubin(1975年)对优秀的二语习得者(Good Language Learner)在二语习得中所表现出来的特征进行研究。他对优秀的二语习得者所使用的7个学习者策略进行了归纳与描述。Stern(1975)也对二语习得的优秀者的学习策略进行了研究,在 Rubin 研究的基础上补充了"个人学习方式""移情"和"内化"三个策略。后来 Stern 将优秀语言学习者的学习策略归纳为主动计划策略、"学术性"学习策略、社会学习策略和情感策略四大类(秦晓晴,1996)。Stern 和 Rubin 的研究具有一定的开创性,为后来的研究提供了理论的借鉴。

鉴于 Rubin(1975)对"Good Language Learner"的定义与研究,文秋芳(1991,1994,1995)在其研究中将国家英语四级考试中的高分者定义为英语"成功者",低分者定义为"低水平者",以研究他们在策略使用上的差异。

我国高校少数民族三语生 L3 水平参差不齐,两极分化严重,通过四、六级考试的和剩余部分学生之间的 L3 水平差距比较大,两组学生在管理策略、学习策略、语言学习观念等影响因素方面也具有两极特征。本研究借鉴文秋芳(2003)的划分方法,将研究对象依据英语四级水平定义为英语"高水平者"和英语"低水平者",旨在通过统计分析手段寻求将"低水平"语言学习者转化成"高水平"语言学习者的可控性预测因素。

第五节 第三个研究问题

本研究旨在构建三语习得有效路径模型,填补三语习得相关研究的理论空白,为语言学习者和教学者提供理论指导,提高学习成效与教学成效。

第三章 研究方法与设计

一、研究问题

基于本研究的研究目的,本研究提出第三个研究问题:基于可控性影响因素的三语习得有效路径是什么?

二、研究方法

这部分的研究分为三语习得路径模型的构建和教学实验两部分。结构方程模型分析软件 AMOS 综合了变量间的关系分析和路径分析,本研究对各组因素对三语习得路径的影响通过结构方程模型分析软件 AMOS22.0 进行因果关系分析以厘清"文化认同""背景语言""学习动机"和"学习者策略"几组变量之间的路径关系。综合前期理论研究与实证研究数据分析的研究结果,本研究构建了"文化认同""背景语言""融合型动机""工具型动机""管理策略""学习策略"六个维度的影响因素的测量模型,进行了拟合度检验和修正。之后以六个测量模型为基础构建了"文化认同→学习动机→学习者策略"和"背景语言→学习动机→学习者策略"结构方程模型,厘清了"文化认同""背景语言""学习动机"和"学习者策略"几组变量之间的路径关系。本研究在前期所有的理论与实证研究结果的基础上,构建三语习得路径并置之于教学实验中检验。

三语习得路径构建部分的研究对象为我国高校少数民族三语生,数据来源于三语习得可控性影响因素的问卷调查(同研究问题二)。

三语习得有效路径模型是语言习得路径加强化的可控性影响因素构成,在实践中是否对三语习得结果有显著的促进作用需要我们采取实验方法来验证。

第六节 教学实验

教学实验部分是对三语习得路径模型在实践中应用效果的验证。遵循模型理论的指导，本研究设计了三语习得有效路径下的教学模式，并在实验组和控制组中进行了一个学期的教学实验。

一、研究问题

按照三语习得路径模型的指导，该部分的研究问题如下。

（1）采用传统教学或学习方式的学习者与采用"三语习得有效路径"模型指导下的新教学模式和学习模式的学习者测试成绩是否存在显著差异。

（2）采用"三语习得有效路径"模型指导下的新教学模式后，学习者的学习兴趣、学习动机、学习策略以及语言迁移的意识是否有变化。

基于研究问题1，我们有以下两种假设：

H0：M 实验组 =M 控制组

H1：M 实验组 ≠ M 控制组

零假设为两组平均数之间没有显著差异，研究假设为两组平均数之间存在显著差异。我们将显著水平设置为 $\alpha=0.05$，则当 $p>0.05$ 时我们接受零假设，拒绝研究假设，认为"三语习得有效路径"对学习者的测试成绩没有显著影响；当 $p<0.05$ 时我们接受研究假设，拒绝零假设，认为"三语习得有效路径"对学习者的测试成绩有显著影响。

针对研究问题2，本研究在实验后采用个体访谈的方式，以质性研究的方法得出结论。

二、研究对象

对三语习得有效路径模型的验证教学实验中，研究者于新学期伊始

第三章 研究方法与设计

在某高校非英语专业大学二年级的 26 个少数民族班级中抽取了两个平行班级。两个班级的学生都来自不同专业,但是通过 L3 水平测试之后被划分为同一水平阶段,分别命名为 C1 班(57 人)和 C2 班(59 人);C1 班设定为实验组,C2 班设定为控制组,两个班前一学期的期末考试使用了同一份试卷,平均成绩没有显著差异。实验阶段控制组采用原有传统教学模式授课,实验组采用依据三语习得有效路径模型而设计新的教学模式授课。实验持续了一个学期,实验结束后,研究者对实验组随机抽取了 6 名学生进行了访谈。

三、研究方法与设计

为保证研究的科学性,这一阶段的研究采用了对比实验的量化实证研究方法与半结构式访谈的质性研究相结合的方法进行。模型验证分为两部分:对比实验和实验后访谈。研究设计部分咨询了导师和其他 2 位专家以及教学经验丰富的 2 位教师,他们给予了宝贵意见和建议。

四、研究工具

实验测试题来源于学校的统一水平考试。试卷题型、考查范围、考试时间、考试地点均在控制范围内。实验后访谈旨在全方位了解三语习得者对目的语的兴趣、学习动机、学习策略、管理策略以及语言迁移的元意识是否发生了变化。这样可以避免仅仅通过成绩这一个结果变量去判断模型的有效性。半结构式访谈提纲的编写基于可控性影响因素的变化。访谈提纲如下。

和以前相比,这学期你对英语的兴趣是否有提高?为什么?
和以前相比,这学期你的英语学习动机是否有变化?为什么?
和以前相比,这学期你在英语听、说、读、写方面的投入是否有变化?为什么?
和以前相比,这学期你的英语学习是否更有计划性?如果有,请举例说明。

五、数据收集

第二阶段:学期末实验结束时,研究者在实验组随机抽取了6名学生,分别对他们进行个体访谈。为使受访学生能够自由地表达,访谈的时间与受访学生协商确定;地点选择了离受访学生较近,比较舒适的环境进行;为了避免受访学生在问题理解方面产生误解,采访在一位少数民族教师陪同下使用国家通用语言和民族语言进行。每次访谈时间持续30分钟左右,整个过程进行了录音,之后对录音进行了文字转写。

六、数据分析

研究对控制组和实验组进行同一水平的实验前测(Pretest)和实验后测(Protest)。运用社会统计学统计软件SPSS19.0对实验数据进行描述性分析和独立样本t检测,独立样本t检验分析结果显示两组前测的均值无显著性差异($p > 0.05$),因此可进入配对样本t检验。之后对实验后测的两组均值做独立样本t检验,观察实验组与控制组之间的后测均值是否存在显著差异。如果存在显著性差异($p<0.05$),说明三语习得有效路径模型对三语习得结果有显著影响;如果实验组和控制组之间的后测均值不存在显著性差异($p>0.05$),说明三语习得有效路径对三语习得结果没有显著影响。

个体访谈质性研究首先对所采取的语音数据进行转写,然后对转写的内容采用三级编码形式反复提炼概念,最后得出概括性的理论观点。

第四章 三语习得的影响因素研究

本章对国内外二语习得和三语习得影响因素研究的主要成果进行了梳理、分析和归纳，对高校少数民族三语生三语习得现状的调查结果进行了论述。依据对语言习得影响因素的研究结果，结合本研究对象的特点，本研究归纳出三语习得主要影响因素及可控性影响因素，为三语习得有效路径模型的构建奠定了变量组合的基础。

第一节 语言习得影响因素的分类

语言习得影响因素庞杂繁多，包括环境因素、语言的使用情况、学习者的心理因素（如：焦虑、动机、观念）、学习者的行为因素（如：努力程度、投入、耐力、学习策略、学习风格等）、语言学习者的性别、年龄、智力水平、性格、父母受教育背景，等等。国内外学者对语言习得影响因素的研究经历了从单因素变量到双因素变量到多因素变量综合研究阶段，但是对影响因素的分类一直没有明确统一的标准。研究者大都根据自己研究的目的和需要，从特定的角度对影响因素进行分类与研究。如同一个女子的长发，有人给她扎两股辫，有人给她扎三股辫，有人给她扎四股、五股辫，并且用了不同颜色的头绳去扎一样。

本研究通过梳理语言习得领域较有影响的因素进行研究，归纳了语言习得过程中主要的影响因素，包括环境因素、学习者因素、语言因素这几个影响因素系统，其中每一个系统中包括有若干子系统，见表4-1：

表 4-1　语言习得影响因素分类

环境因素	社会环境	学习目标语的机会、地理位置、语言政策等
	语言环境	单语或双语的社会环境
	学习环境	正式的课堂语言环境、非正式的自然语言环境
学习者因素	个体认知差异	智力水平
		语言学能
		工作记忆
	个体情感差异	学习动机
		学习态度
		学习风格
		性格
		焦虑感
		交际意愿
	学习策略	元认知策略
		认知策略
		社交策略/情感策略
语言因素	语言迁移	正迁移、负迁移
	语言距离	心理语言距离、语言类型距离
	语言使用情况	近期使用频率

以上的表格对语言习得影响因素的囊括并未穷尽,虽然对于影响因素的分类标准研究者们莫衷一是,但大体是一致的。

从国内外具有代表性的二语习得模式及影响因素研究来看,研究者对环境因素和学习者因素的研究比重最大,对语言因素涉及较少。对于情感因素,有些学者将其划分为学习者因素之外的独立影响因素体系(如,Krashen, Gardner, Splosky),而有些学者则将其纳入学习者因素中(如,戴炜栋、束定芳、戴运财)但不管语言学家们如何分类,都有交叠之处,见表 4-2:

第四章　三语习得的影响因素研究

表 4-2　国内外主要二语习得研究中影响因素的分类

研究者	环境因素	学习者因素	语言因素	情感因素
Krashen	√	√		√
Stern	√	√		
Gardner	√	√		√
Splosky	√	√		√
Ellis	√	√	√	
戴炜栋、束定芳	√	√		(√)
戴运财	√	√		(√)

*(√)表示：包括在"学习者因素"中，没有明确列入"情感因素"。

从上表看出，语言学家们无一例外地将环境因素、学习者因素和情感因素列为主要的影响因素，而只有 Ellis（2008）在讨论二语习得影响因素时，将语言因素作为了重要的因素进行了阐述。

二语习得与三语习得最显著的差别在于背景语言的复杂性。三语习得不仅表现出语言发展过程的多样性，还表现出语际迁移的多向性。因此，语言因素在三语习得研究中是不可忽视的重要因素。

语言习得研究者们将语言习得的影响因素从各个角度进行了分类。三语习得影响因素体系与二语习得相比，除了学习者因素、情感因素、环境因素之外，更加突出语言因素对三语习得过程和结果的影响。

三语习得研究涉及三种语言体系，影响因素比二语习得更为复杂，国内尚未见有三语习得模型的研究，对三语习得影响因素的研究也大多停留在单个影响因素变量的研究上。国外三语习得模型与影响因素研究领域从 20 世纪末开始涌现了一些较有影响力的成果。因此，本研究对国外几个重要的三语习得模型的研究重点做归纳，并分析三语习得主要影响因素与二语习得主要影响因素之间的异同，见表 4-3：

表 4-3　国外三语习得主要模型的研究内容与观点

研究者	模型	主要研究内容	主要观点
Hufeisen（1998）	因素模型	影响因素与语言习得结果之间的关系	既得的语言经验都会对 L3 的学习、认知和产出有重要影响
Green（1998）	激活/抑制模型	语言激活或受抑制的机制	背景语言对语言输出有重要影响

续表

研究者	模型	主要研究内容	主要观点
Herdina & Jessner（2000）	多语动态模型理论（DMM）	多语言系统之间的影响	多语的发展过程不同于二语，呈现出非线性的特征
Mei Bner(2004)	多语处理模型	多语习得机制	既得语言的知识与经验对新目标语的学习有重要影响

从表中可以看出，国外三语习得模型研究的重点均在语言因素方面。背景语言因素对L3语言的有效输入、认知加工和输出都有重要的影响作用。背景语言所带来的一系列的复杂性致使三语习得有别于二语习得，因此在研究三语习得时语言因素对语言习得过程和结果的影响不容忽视。学者们对三语习得影响因素的划分没有达成共识，但是对于主要的影响因素的概括都持认可态度，虽然在不同的研究中一些因素变量的名称不同，但概念内涵有所交叠。

对比二语习得与三语习得对影响因素的研究，结果发现二者研究的重点不同，二语习得以研究学习者个体差异因素居多，如学习动机、学习态度、学习风格、学习焦虑、学习策略等；而三语习得则以研究语言因素为主，如语际迁移、心理语言距离、背景语言地位等，这与背景语言给三语习得带来的复杂性和在三语习得中所起的重要作用有关。

以上对二语习得与三语习得的影响因素进行了梳理与归纳，下文对我国高校少数民族三语生三语习得的现状和影响因素进行分析，并综合理论研究结果和实践调查结果，归纳了高校少数民族三语生三语习得的主要影响因素。

第二节　高校少数民族三语生三语习得现状

这部分研究以问卷加访谈的方式进行。研究者从"教"与"学"两个方面，对高校少数民族三语生的三语学习（L3）的现状做了调查，调查内容包括被试的基本个人信息、三语水平、课程设置、使用的教材和师资等情况。调查对象为五所高校的少数民族三语生和一线具有丰富

第四章 三语习得的影响因素研究

的三语生教学经验的教师和教学管理员。调查数据分析结果为高校少数民族三语生的三语习得影响因素研究以及三语习得有效路径假设模型的构建提供数据支持。下文就对高校少数民族三语生的三语习得现状研究进行分析。

一、被试的结构

问卷发放共计650份,回收有效问卷613份,回收率为94.3%。所采集数据由笔者在两名研究生的帮助下共同录入。数据由笔者采用SPSS19.0社会统计学软件进行分析。SPSS对被试样本描述统计如下：613名被试中男生213名,占36.8%、女生400名,占65.3%。A民族464名,占75.7%；B民族115名,占18.8%；其他少数民族34名（因人数较少归为C）,占5.6%。民考民学生123名,占20.1%；双语生289名,占47.1%；民考汉学生201名,占32.8%。见表4-4：

表4-4 被试基本构成一览表

性别		民族			类别		
男	女	A	B	C	民考汉	双语生	民考民
213	400	464	115	34	201	289	123
36.8%	65.3%	75.7%	18.8%	5.6%	32.8%	47.1%	20.1%

上表统计数据显示,被试中女生比例明显高于男生,A组少数民族学生比例明显高于其他少数民族学生,被试类别比例相对平衡。虽然研究的样本从我国边疆地区五所不同类型的高校中随机抽样,但是依然出现了性别比例、民族比例不平衡的情况。例如,新疆维吾尔自治区的少数民族以维吾尔族居多,哈萨克族居其次,这与抽样的结果相吻合,至于随机抽样结果女生比例明显高于男生这一点,其背后的原因还有待进一步探究。

二、被试的三语水平

由于基础教育模式的不同,高校少数民族三语生先后学习的三种语言发展不均衡。这种不平衡不仅表现在学习每种语言的起始时间的不同上,也表现在每种语言水平发展的差异上。

(一)民族语(L1)水平

依据基础教育的模式,高校少数民族三语生分为民考民、双语生和民考汉学生。民考汉学生所处的语言环境以国家通用语言的使用为主,他们大都是除了在家庭中习得了本民族语之外,从幼儿园开始就接受国家通用语言的系统教育,有些教育资源较好的地区,从小学或初中开始就开设了英语课程,与其他类型的学生相比,他们三种语言学习的时间最长。双语生从小学开始接受的是民族语言教育,从初中开始接受民族语言和国家通用语言教育,大多从高中开始接触少许英语(偶见教育资源较好的地区从初中开始就开设了英语课程),双语生三种语言学习的时间仅次于民考汉学生。民考民学生从小学到高中一直接受本民族语言教育,即进入高校前没有系统地接受过国家通用语言的教育,也没有接触过正规的英语课程。因而,在进入高校专业学习之前,他们需要经过一年预科语文的学习,进入专业学习后,除了接受双语教学外,还增设了一年半到两年的英语课程。由于基础教育模式的不同,少数民族学生三种语言学习起始的时间也有差异,这使少数民族学生在进入高校之后三种语言水平参差不齐。

语言学习时间的长短与语言学习的结果之间固然有必然的联系,但并不是决定语言习得结果的唯一变量。影响语言输出结果的因素变量很多,它们共同作用于语言学习的过程,决定着语言习得的结果。虽然民考民、双语生和民考汉的学生之间存在着各方面的差异,但是作为一个少数民族的整体,相比之下有更多的共同点,这些共同点表现出一定的规律性。因此,我们可以将三类学生作为共同体来研究,强调其共性,忽略差异性,找出三语习得的共同特点与规律。

由上文看出,由于所受的基础教育模式不同,民考民、双语和民考汉学生的本民族语言水平是参差不齐的。在本次调查613个被试中,民考民学生123名,占20.1%;双语生289名,占47.1%;民考汉学生201名,占32.8%。调查结果显示,被试中能够熟练地使用本民族语进行听、说、读、写的有432人,占总人数的70.5%;对本民族语言能够熟练地听、说、简单地读、写的130人,占21.2%;能够熟练地听、说,不会本民族语读、写的34人,占5.5%;只能简单听、说但不会读、写的有17人,占2.8%,见表4-5:

第四章 三语习得的影响因素研究

表 4-5 被试民族语水平频率统计表

	频率	百分比	有效百分比	累积百分比
简单听说、不会读写	17	2.8	2.8	2.8
熟练听说、不会读写	34	5.5	5.5	8.3
熟练听说、简单读写	130	21.2	21.2	29.5
熟练听说、熟练读写	432	70.5	70.5	100.0
合计	613	100.0	100.0	

以上数据说明,高校少数民族三语生大部分对本民族语的掌握是比较熟练的,占总数的70.5%;我们看到民考民与双语生的比例共计68.2%,由此可以推断,几乎所有的民考民和双语生对本民族语言的掌握是比较熟练的。有少量的民考汉的学生(2.3%)对本民族语的听、说、读、写技能掌握比较熟练。这一比例分布与我们的样本学生类型构成基本一致,这可能是因为民考民学生与双语生从小学就开始接受系统的本民族语教育,因此他们民族语的听、说、读、写技能普遍比民考汉的学生高。

(二)国家通用语言(L2)水平

培养"民汉兼通"少数民族人才是一项战略性举措(朱江华、郝瑜、栗洪武,2018)。在国家双语教育政策的大力推动下,近年我国高校少数民族三语生的国家通用语水平整体有了很大的提高。

在本研究的613名被试中,民考汉(201名,32.8%)的学生从小接受国家通用语言的系统教育,进入高校时无需参加少数民族国家通用语言水平考试(MHK)。调查统计结果显示,有252名被试没有参加MHK水平考试,占41.1%,其中包括201名无需参加MHK考试的民考汉学生;通过四甲水平的有101人,占16.5%;通过四乙的有78人,占12.7%;通过三甲的最多,有156人,占25.4%;参加了三甲水平考试但是没有通过的有25人,占4.2%。依据高校对少数民族学生的国家通用语言水平要求,被试中只有4.2%的被试国家通用语水平没有达标。以上统计结果显示,高校少数民族三语生的国家通用语言水平达标率超过了90%。见表4-6:

表 4-6 被试国家通用语水平频率统计表

	频率	百分比	有效百分比	累积百分比
没参加	252	41.1	41.1	41.1
三甲以下	26	4.2	4.2	45.4
三甲	156	25.4	25.4	70.8
四乙	78	12.7	12.7	83.5
四甲	101	16.5	16.5	100.0
合计	613	100.0	100.0	

(三) 英语 (L3) 水平

本研究中三语习得结果指 L3 语言测试的成绩或水平,它在很大程度上反映了三语习得的成效。如果想对高校少数民族三语生三语习得的结果做一评估,我们需要同一把尺子进行量定,即需要一个统一的衡量标准,然而全国并没有对少数民族大学生统一的标准化英语(L3)水平考试,各高校对少数民族大学生的 L3 水平要么由各校自行安排期末考试做评定,要么依照国家四六级考试的水平标准做参考,降低达标分数。因此,本研究选取了大学二年级的少数民族三语生为研究对象,这部分学生依据自己的情况申报国家英语四、六级水平考试。

高校少数民族三语生的 L3 水平总体较低,首要原因是民考民学生和双语生开始学习英语的时间较晚,学习英语的时间也比较短。英语学习对于他们来说是第三语言的学习,并且他们必须通过国家通用语为媒介语言来学习第三语言。目前各高校使用的针对少数民族大学生的教材均由国家通用语言 L3 进行编写,因此国家通用语的熟练程度制约着他们第三语言的学习。背景语言发展的不平衡性使得 L3 的学习过程异常复杂。下文首先对本研究中被试的英语学习起始时间做描述性统计;其次,对总体的 L3 水平做描述性统计。

1. 英语学习起始时间的描述性统计

高校少数民族三语生由于生源地经济、教育发展水平的差异,各地开设英语课程的起始时间有差异。613 名被试中,从小学开始正式学习英语的有 186 人，占 30.3%；从初中开始学习英语的有 125 人，占 20.4%；从高中开始的有 75 人，占 %12.2；从大学开始正式学习英语的人数最多，有 227 人，占 37%。可见，被试的 L3 水平起始时间差异较大。其中，从小学开始学习英语的被试大部分是民考汉学生，生源地的基础教育条件相对较好。见表 4-7：

表 4-7　英语学习起始时间的频率统计表

	频率	百分比	有效百分比	累积百分比
大学	227	37.0	37.0	37.0
高中	75	12.2	12.2	49.3
初中	125	20.4	20.4	69.7
小学	186	30.3	30.3	100.0
合计	613	100.0	100.0	

教育部 2001 年颁布了《小学英语课程教育基本要求（试行）》，我国少数民族地区逐步在小学开设英语必修课程，但由于各地的教育资源发展不平衡，仍然有很多地区无法跟上整体发展的步伐。从上表中我们看到，有 37% 的少数民族大学生从大学才开始接触正规的英语课程。他们连最基本的 26 个字母都不会读，不会写，完全是零基础。有 30.3% 的学生表示从小学就开始学习英语，这部分学生是民考汉学生。可见，由于学习英语的起始时间差异大，大部分少数民族学生英语学习的总时长明显低于全国平均水平，他们英语的总体水平也低于全国总体水平。因此，想要在相对较短的时间内有较好的英语水平，英语学习效率的提高是解决问题的唯一途径。

2.L3 水平描述性统计

我国到目前为止还没有针对少数民族学生的全国性英语统一水平考试，各高校对他们的考核标准通常是依据国家英语四六级考试的标准来降低达标分数，并给予多次考试机会。因此，本研究中部分被试因水平过低，在大学二年级没有申请参加国家英语四级水平考试。统计数据显示，在 613 名被试中，因为水平低而没有参加过国家大学英语四六级考试的人数为 359 名，占总数的 58.6%，参加过四级考试但是没有通过的为 161 名，占 26.3%；通过了四级考试的有 77 名，占 12.6%；参加了六级考试并且通过的有 16 名,占 2.6%。见表 4-8：

表 4-8 L3 水平的频率统计表

	频率	百分比	有效百分比	累积百分比
没参加	359	58.6	58.6	58.6
四级以下	161	26.3	26.3	84.8
四级	77	12.6	12.6	97.4
六级	16	2.6	2.6	100.0
合计	613	100.0	100.0	

统计结果显示,在 613 名被试中由于 L3 水平较低而没有参加国家公共英语四六级考试的学生占半数以上,通过了四六级考试的共计 15.2%。

从以上结果来看,高校少数民族三语生的英语(L3)水平两极分化严重,与全国的整体水平有很大的差距,如何提高这部分学生的英语水平,应该引起更多学者的关注。

高校少数民族三语生的三语水平参差不齐,主要原因在于地区发展的不平衡性所致的语言环境的差异以及语言教育政策发展规划的局限性。因此,对于高校少数民族三语生而言,宏观的语言教育环境是影响三语习得的重要因素之一。

三、课程设置

中国知网 CNKI 的检索结果显示,有关少数民族大学生英语学习现状的最近文献是文华俊(2013)的一份调查。其调查结果显示每个高校的课程设置略有不同,有的学校 3 个学期年,有的 4 个学期。但本研究调查的五所主要高校的课程设置是一致的,均为 4 个学期。这说明近年来各学校对少数民族大学生的英语课程设置进行了调整,更加趋于统一和规范化。调查结果还显示,虽然学生对英语学习的年限希望延长,对每周的课时(4 小时/周)希望有所增加,部分学生会参加课外英语辅导班。但是实际上,各高校对英语课程的改革趋向灵活化和缩减化,这与国家语言政策整体规划有关,也与全国教育信息化、教育智能化改革的大环境有关。

四、教材使用

调查发现各高校针对少数民族学生使用的英语教材并不一致,而且有的高校的教材更换比较频繁。例如,某医学类高校的孙×老师介绍说这几年使用的教材经常变动,现在他们民语言大学一年级学生使用的是《新编大学基础英语综合教程》第一册、第二册,大学二年级使用的是《新视野英语》(高职高专读写教程)第一册、第二册。双语班大学一年级学生使用的是《新视野英语》(读写教程预备级)第一、第二册,大学二年级使用的是《新视野大学英语》第一、第二册。该校的杨××老师反映说目前使用的教材词汇太生僻,内容十分陈旧也不实用。另外几位教师反映,前几年由本校教师共同编写的一套零基础英语教材比较适合学生使用,但后来改用了其他教材。某综合大学的石××老师介绍说他们近年来一直在使用李桂兰、海霞等编的《基础英语》1-4册,这套教材从最基础的 ABC 开始教起,第三四册太难,第一二两册难度比较适中。某财经大学的刘××老师介绍说他们使用的教材是由本院的少数民族教师负责编写的《基础英语》。某农业大学迪××老师说他们使用教材的是《零起点大学英语》。以上教材是针对双语生和民考民的学生使用的教材,民考汉的学生使用的教材与汉族学生相同。

通过调查我们发现,高校少数民族大学生使用的教材普遍存在几个问题。首先,各高校使用的教材随意性大,对于教材的选择主观性较强,没有经过实践的调研和考证;其次,是教材难度与学生的实际情况脱离,难怪某医科大学的赵××老师会说:

"教材的难度没有一个合理的梯度,语法部分难度的跳跃性太大,给学生教授时不知如何下手,经常要自己补充资料,或放弃教材中的部分内容。"

该校的民族班教研组长陈××老师也说:

"我们组的老师都反映双语班现在使用的《新视野大学英语》第三版教材对于双语学生来讲真的太难了,现在每周的课时量又少,一个学期能完成三到四个单元就不错了,但是他们又必须过英语四级,否则拿不上学位证,这咋整呀?"

可见,学生的入口成绩低,但是出口要求高,脱离实际,教师和学生的压力都很大。教师如何教好,学生如何学好,从哪里切入进行改革等问题使一线教师陷入困惑之中。

最后,各高校现行使用的教材虽说是针对水平较低的学生,甚至是零起点的学生,但是教材编写并非为少数民族大学生量体裁衣而编写的,难免有不适宜学习者使用之处。有些高校虽然使用了本校一线教师编写的教材,实践反馈不错,但是也因为各种原因没有坚持使用下去。Krashen(1982)认为略高于语言学习者实际水平(i+1,i代表实际的语言水平)的可理解性输入对语言的习得结果十分重要。因此,作为语言输入主要来源的教材对语言习得的影响不容忽视。高校少数民族三语生所使用的教材不统一,更换频繁,随意性大,教材的选择主观性较强。缺乏贴合学习者实际水平的教材也成了影响高校少数民族三语生第三语言习得的主要因素之一。

五、师资情况

高校少数民族三语生的英语师资力量十分匮乏。高校逐年扩招双语生,给英语教学带来很大的压力。边疆地区某师范大学 2010 年提供的数据显示,外国语学院共有教学及教辅人员 62 人,然而,每年授课学生人数(不包括民考民的学生)就有大约 2500 人(文华俊,2014)。某医科大学 2018 年提供的数据显示,自 2013 年至 2018 年该大学不但没有增加过 1 名专职教师的编制,而且一些教师还流动到内地。全校 1800 名学生的英语课程由公共英语教研室 14 名教师加专业英语的 7 名老师和几名临时外聘教师来授课。自 2018 年开始,每年 1500 名少数民族学生的扩招使他们面临未来更大的挑战。

除了师资匮乏以外授课语言也是影响教师授课和学生语言学习效果的原因之一。某大学石××老师说:

"汉族老师不会少数民族语言,没有母语授课的优势,少数民族老师应该更有优势,但这两年要求用国家通用语言授课,效果就不知道了,主要靠教师责任心吧。我们学校现在大学英语的所有老师都有民族班了。"

从一线教师的反馈中可以看出,民族教师使用民族语言授课,避开了国家通用语言作为中介桥梁,会降低少数民族大学生对语言吸收的难度,教学效果会更好。但是由于近年国家通用语言推广的需要,以及教师授课语言选择的习惯,少数民族教师授课也很少使用民族语言授课。

再者，教师资源的配备欠缺合理性。医科大学的杨××老师认为少数民族学生英语教师资源分配不合理："因为学生程度低就分给了教学经验不够丰富的外聘教师授课，教师能把班级管理抓好就不错了，更不用说教学技巧了，老师如果只是灌输知识，学生学习效果就打折。民族学生还是蛮有特点的，他们大多数性格活跃、热情、好动、爱说。如果老师能够充分了解并利用学生的特点，可以大大调动学生的积极性。但是，现实情况是，外聘教师通常都是尚未毕业的研究生，甚至是刚刚毕业的本科生，没有足够的教学经验，对学生的特点不够了解，往往陷入管理课堂的困境。"

可见，由于教师资源的匮乏，给教师资源的分配也带来了问题。从理论上来说，对于教学当中存在问题较多的学生，应该由教学以及管理经验更为丰富的教师去教授，然而事实却与理论相背离，导致原本问题重重的教学陷入恶性循环之中。

综合以上问卷调查和个体访谈的结果，宏观教育环境因素（地区语言教育政策与规划）、微观学习环境因素（包括课程设置、教材、师资、教法等等）、语言因素以及学习者个人因素都是影响高校少数民族三语生三语习得的主要影响因素。

第三节 三语习得的主要影响因素

借鉴国内外对三语习得影响因素的研究成果，结合本研究对高校少数民族三语生三语习得的现状以及影响因素的调查结果，本研究归纳出三语习得的主要影响因素包括四个方面：环境因素、学习者因素、情感因素和语言因素。见表4-9：

表 4-9　三语习得的主要影响因素

环境因素	宏观教育环境	地区语言教育政策与规划
	微观学习环境	教师、教法、教材、课程设置、语言环境等
学习者因素	生理因素	年龄、性别、性格、智力水平、语言学能等
	学习过程因素	学习策略、管理策略、学习观念、学习投入、努力程度等
情感因素	文化认同（兴趣）	对目的语语言、艺术、习俗、饮食、服饰等的态度和兴趣
	学习动机	工具型动机
		融合型动机
语言因素	语言迁移	语言类型距离、心理语言距离、语言习得顺序、语言使用频率、语言迁移意识等
	背景语言水平	背景语言发展的平衡性

表 4-9 归纳了三语习得的主要影响因素。与以往的研究相比，本研究强调影响因素变量组合的协同作用，突出了语言因素和情感因素（特别是文化认同／兴趣）对三语习得的影响。本研究对三语习得主要影响因素的归纳并非无所不包。例如，情感因素中还包括学习焦虑，研究表明焦虑对学习者来说是相对稳定的个体差异因素，对语言习得有抑制作用，但是对学习者努力程度有促进作用，然而努力程度与语言习得的结果（成绩或水平）并不成正比（李炯英、林生淑，2007）。因此，本研究没有将焦虑因素纳入研究框架。

本研究中，环境因素包括宏观的教育环境和微观的语言学习环境；学习者因素包括年龄、性别、性格、学习策略和语言学能（语言学能指个人的智能、语言认知及信息处理能力）等；情感因素包括文化认同和学习动机两个方面；语言因素包括与语际迁移相关的因素和背景语言水平两个核心因素。以上各组因素共同影响三语习得的产出效果。

本研究对高校少数民族三语生三语习得的现状从三语水平、课程设置情况、教材使用和师资力量和存在问题等几个方面进行了调研。研究发现高校三语教育处于比较尴尬的发展境遇。一方面少数民族地区有着多语、多文化的语言生态环境，在"一带一路"倡议下面临着前所未有的历史机遇，三语或多语会增强个人竞争力和国家的软实力。但同时少数民族地区的外语（L3）教育的发展一直处于滞后状态，外语教育政策和教育法规不完善，受限于政治、经济的发展，没有一个可持续性的长远的规划。尤其是南北疆地区经济、教育发展不平衡,使外语教育也不能像内地一样顺利地全力推进,毕竟英语作为第三语言必须是在少数民族学生掌握了国家通用语言的基础上才可能更好地学习。另外,教学的软硬件不足,缺乏比较合适的教材和合理的课程设置,师资力量严重缺乏,授课班级过大,教学效果不理想。所有这些问题引发我们思考,如何从可控性影响因素着手,帮助高校少数民族三语生提高三语习得的效果呢?对语言教育政策的制定对于政府教育部门是可控的,对教材的编写与选择以及教学的效果等对教师来说是可控的。那么除了学习者要从自身所受的可控性影响因素入手,优化三语习得的结果之外,三语习得成效的提高还亟待整个社会,包括政府、学校、教师共同致力才能看见显著的效果。因此这是一项复杂而全面的浩大建设工程。

　　高校少数民族三语生处于较好的多语习得环境中,但语言的整体发展必须遵循国家和地区的发展需求,受到国家教育政策调控。语言教育政策是三语教育成效提高的根本保障,是高校少数民族三语生三语习得主要影响因素之一。地区经济、教育发展不平衡使得高校少数民族三语生的三语水平参差不齐,并且整体低于全国水平。国家通用语言的推广是少数民族地区语言政策制定和执行的首要任务,这是基本的生存和发展需要。尤其是近几年,为了打好脱贫攻坚战,国家大力推进国家通用语教育,推广普通话。在此形势下少数民族地区的外语教育整体"降温",边疆地区的语言政策也加大对"国家通用语言"优先扶持力度的倾斜。

　　通过现状调查我们发现,高校少数民族三语生三语习得的现状的背后隐匿着庞杂影响因素。首先,少数民族的语言政策是三语习得水平提高的宏观环境保障;其次,三种语言的水平相互之间有密切的联系,既得背景语言的语言现象和规律对第三语言的习得有重要的影响;再者,课程的设置、教材的使用、教师的教学方法、师资的情况都在一定程度上影响高校少数民族三语生的三语习得成效。

　　李宇明(2018)指出外语教育是提升国家语言能力的重要途径,中国公民应通过母语教育规划和外语教育规划实施成为"三语者"或"四语者"。他鼓励汉族学生在掌握自己的方言的基础上,学好普通话,另外再掌握一门外语,成为"准三语者"或称"双言双语人";少数民族学生在掌握母语和学好普通话的基础上再掌握一门外语,成为"三语者";建议研究生还要学习第二外语,成为"准四语者"或"四语者"。多语能力是当今世界各国对公民的要求,我国也已经开展了大量的教育实践。他认为将多语能力培养明确纳入语言教育规划,将很大程度上提高我国的国家语言能力。

面对新的国际形势,培养三语甚至多语人是构建全球命运共同体的必然要求。中国要走向世界与世界对话,向世界讲述中国故事,就需要培养更多的三语人、多语人,这是我国语言规划的大方向。因此,如何切实提高三语习得者的三语水平应该引起更多语言研究者的关注。

在"一带一路"倡议下,丝绸之路多语人才的培养是我国紧跟国际形势发展亟待解决的要务之一。2019年6月1日在上海同济大学举行的主题为"多语共建人类命运共同体"的国际会议吹响了我国大力发展多语人才的号角。多语精英人才的培养需要集中更多力量来推动。

本研究对三语习得主要影响因素的归纳依据来源于现实与理论的梳理,下文对国内外相关文献进行梳理,分析与归纳。

第四节 三语习得的可控性影响因素

鉴于建立三语习得有效路径的需要,本研究将主要影响因素中的可控性因素提取出来构成变量组合,以之作为"把手"对三语习得路径进行调节,促进三语习得的生成,优化三语习得的结果。

影响三语习得结果的因素繁多,分类的标准也没有统一。但是按照韦纳(Weiner,1979)对影响个人成败因素的划分以及文秋芳(1995)对语言习得影响因素的划分方法,三语习得影响因素可以划分为可控因素和不可控因素。学习者的智力水平、性格特征、年龄等因素是学习者个人不能够通过自身的努力而改变的,因此被称为不可控因素;而学习动机、学习方法、学习策略、学习投入和努力程度等是可以通过学习者后天的努力改变的,被称为可控性因素。韦纳(Weiner,1979)把影响个人行为成败的因素划分为三个维度:内部的、外部的;稳定的、不稳定的;可控的、不可控的。文秋芳(1995)也将影响语言习得的因素分为"可控"与"不可控"两个维度。她认为通过学生自身的努力可以改变的因素,如动机、策略等是可控因素;将靠自身努力无法改变的因素,如智力

第四章　三语习得的影响因素研究

水平、语言学能、个性特征、学生过去的语言水平等因素是不可控因素。文秋芳对可控性影响因素的划分是以学习者为中心的可控性因素。但语言习得的结果不仅仅受到学习者因素的影响,还受到社会环境、教育环境、语言环境、教材编写、教师水平、课程设置等因素的影响。

本研究认为影响因素是否可控是相对的,主体不同可控性也不同。对于学习者不可控的因素,对于其他人或团体组织可能是可控的,例如,语言政策对于语言政策制定者是可控的,教材的编写和选择对于教师来讲是可控的。因此,本研究依据文秋芳的归类方法结合高校少数民族三语生语言学习的特点归纳出主要的影响因素,并以此为基础提取影响高校少数民族三语生三语习得的可控性影响因素。这些因素可分为三类:政府决策部门可控性影响因素、教师可控性影响因素、学习者可控性影响因素。政府决策部门可控性影响因素指语言政策、教育法规等的制定;教师可控性影响因素指教材的编写或选择,教学效果的提高等;学习者可控性影响因素特指学习者通过财力、物力或人力的投入可以对三语习得成效产生促进作用的因素。

本研究旨在构建三语习得有效路径模型,为语言学习者和教学者提供理论指导,提高学习成效与教学成效。因此,我们选择学习者可控性因素组合作为构建三语习得有效路径的研究要素。本研究中学习者可控性影响因素包括:语言因素(学习者对 L3 的心理语言距离、语言迁移的意识)、情感因素(文化认同/兴趣、学习融合型动机和工具型动机)和学习者因素(学习策略和管理策略),本书中所提及的"学习者可控性影响因素"均简称为"可控性影响因素"。

语言习得的效果的提高,不仅在于学生的学,还在于教师的教,以及教育环境的优化。因此,三语习得有效路径的优化是以上各方面可控性因素调整到最佳状态的结果,需要整个社会共同努力。

本课题研究三语习得的影响因素及路径,依据韦纳(1979)和文秋芳(1995)对影响因素的划分标准将三语习得的主要影响因素中的可控性因素提取出来分为情感因素、语言因素和学习者策略因素。其中情感因素包括文化认同/兴趣和学习动机(融合型动机和工具型动机),语言因素包括心理语言距离和语际迁移意识,学习者策略包括学习策略和管理策略,见图 4-1:

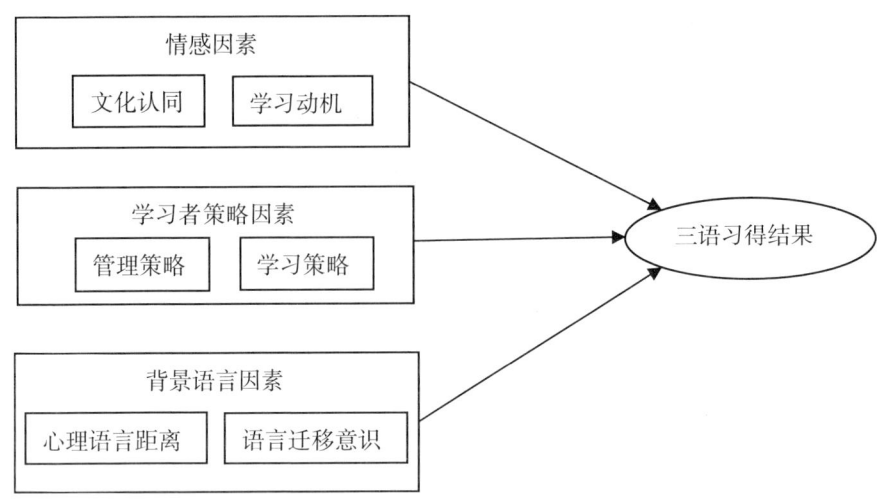

图 4-1 三语习得学习者可控性影响因素

一、情感因素

许多学者对于情感因素的划分归属并不统一（见表 4-1、表 4-2），有些学者将其划分为学习者因素，也有学者将其划分为学习者因素之外的独立影响因素体系，如 Krashen，Gardner，Splosky 等。本研究依据研究对象的特点和研究目的的需要将情感因素划分为独立的影响因素系统（见图 4-1）。

神经语言学研究揭示了情感因素在语言习得中特殊的地位。研究发现人类的语言主要功能区位于左脑，然而二语习得却与右脑有着密切联系；第二语言的习得与母语习得是两个不同的语言习得系统。二语习得更多需要借助右脑的优势，启动形象思维和情感关联来获得更好的效果。这些重要的发现对于第二语言习得和教学都有重要的指导意义。神经语言学研究还发现"神经回路通畅"是提高二语习得效果的前提。在二语习得初级阶段，学习者的语言输出更多依赖记忆机制，此时语言输出在神经回路中表现得"不通畅"。然而随着二语习得的不断深入和反复练习，语言输出逐渐自动化，神经回路也逐渐通畅起来。可见，实现神经回路通畅是实现语言习得的重要途径。神经语言学研究还发现语言输入之后并不是在人脑中直接进行加工的，而是先进入人脑的"情感区域"，即杏仁体，人脑的情感区域会识别所接受信息的"有利"或"有

第四章 三语习得的影响因素研究

害",然后避害趋利地处理信息(岳金星、史光孝,2013;常林,2014)。

神经语言学研究证实了情感因素对于语言习得成效有至关重要的作用。但语言学家们对情感因素的范畴并没有清晰地界定。在三语习得中情感因素大致包括了学习动机、学习态度、学习焦虑等。学习动机在语言习得研究领域中一直占有重要的地位,许多学者对之进行了深入的研究,并且取得了丰硕的成果。如 Gardner 和 Lambert 提出了"工具型动机"和"融合型动机"的分类,Dörnyei 提出了"二语自我动机系统",Norton 对动机的概念进行了延伸,提出了"想象共同体""想象认同"等概念。学习态度包括对目的语言的态度、对目的语文化的态度、对学习目的语学习过程的态度等。对目的语的态度也称为语言态度,对目的语文化的态度即为目的语文化认同,而对学习过程的态度属于学习观念。语言习得研究中的文化认同是指对目的语语言、艺术、习俗、饮食、服饰等方面所持的接纳、认可的积极态度,或更甚者发展为对之的兴趣。文化认同与语言习得之间的关系研究开始于 20 世纪 70 年代(Lambert,1974)。语言学习焦虑不仅妨碍输入,还对语言输出产生负面的影响(Covington & Omelich,1987),缓解语言学习焦虑可以通过建立和谐的师生关系,轻松的学习环境以及克服完美主义个性来实现(李炯英、林生淑,2007)。

文化认同是本研究三语习得中重要的研究变量之一,是情感因素的一部分。本研究的研究对象为高校少数民族三语生,他们有自己独特的少数民族语言文字与文化,包括文化认同/兴趣和学习动机。文化的内涵与外延无所不包,它涉及一个国家或民族的语言、饮食、服饰、风俗习惯、艺术、文化、宗教等等。从广义上讲,语言是文化的载体,也是文化重要的组成部分。

"认同(Identity)"的概念源于哲学,是自我辨识问题,而文化认同是认同重要的组成部分,是一种心理评价机制或者"个体"与"群体"间文化因素的运动关系,是个体对群体文化中的语言、知识、信仰、价值观、态度、传统、生活方式等的接纳与吸收,具有动态构建的特征。文化认同既包括对目的语语言的认同,也包括对目的语文化的认同。对目的语语言认同指对所学习的目标语言所持有的接纳、认可、积极的态度。一个人对所学习的目的语的态度会影响他对这种语言的学习效率和掌握程度(周成兰,2002)。语言本身就是一种文化,是一个民族的思维方式,对目的语的学习,不可避免地浸入文化的各种要素之中,因此对目的语的各种文化要素持有怎样的态度也势必影响到对目的语的学习效果。对目的语言的认同是语言学习兴趣与动机的前提条件。

在语言习得研究领域,文化与语言研究从来就存在着千丝万缕的联系。从20世纪70年代初至80年代末近20年的时间里,认知心理学派和文化学派一直并立于语言习得研究领域,形成对峙的两大阵营。认知心理学派着重研究以"学习动机"为主要内容的"学习者心理",关注学习者的内在心理变化对语言习得过程和结果的产生的影响(如,Gardner & Lambert,1972)。文化学派则关注语言习得过程与社会外界的互动,强调社会文化因素对语言习得过程和结果的影响(如,Schumann,1978)。

文化是人类社会化过程的产物,它蕴含在饮食、宗教、节日、婚姻、服饰、娱乐、风俗、语言等各个方面,文化认同则是对以上各方面所持有的一种积极的价值判断。大量研究(Lambert,1974;Duff,2002;高一虹,2001)证明文化认同是语言习得带来的"非语言结果",具有可建构性,并促进语言习得。

文化认同是语言学习者重要的情感因素之一,在以往的研究中,认同研究与动机研究经常相伴而行。见图4-2:

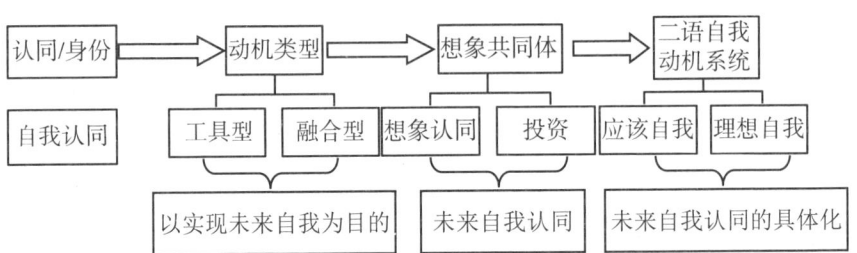

图4-2 认同与动机研究发展图示(练丽娟、邓雪琴,2017)

认同研究源起于回答"我是谁"的自我定位与认同问题。学习动机是驱动学习行为的内在动力,一直是语言习得研究的重要内容。Gardner 和 Lambert(1972)提出了"动机类型"理论,将动机分为"工具型"动机和"融合型"动机。"工具型"动机指为达到未来某一现实的外在目的而产生的语言学习驱动力,如求职、通过考试等,是"表层动机";"融合型"动机指为与目的语群体接触、交流或融入其群体而产生的兴趣与愿望,是"深层动机"。深层动力促使学习者调动主观能动性,

第四章 三语习得的影响因素研究

付出更多的努力,想方设法把目的语学好;而具有表层动力的学习者,缺乏积极主动性,付出努力的行为缺乏持久性。"工具型"动机与"融合型"动机以实现"未来自我"为目的。加拿大学者 Norton（1995）借鉴社会学领域的"资本"理论,提出了语言"投资""想象共同体""想象认同"等概念。这些概念是对原有"学习动机"概念社会文化角度的延伸与拓展,突破了传统的心理学"学习动机"概念的内在特质。"想象认同""想象共同体"可以理解为是对"未来自我"的认同,而"投资"行为则是对未来"自我认同"所付出的努力,是"学习动机"的投射与拓展。2005 年,Dörnyei（2005）借鉴人格心理学中的"自我导向"理论和社会文化学派的成果,提出了"二语动机自我系统"。系统包括"理想自我""应该自我"和"二语学习经验"三个层面。"理想自我"指如果我们想成为理想中的自我部分,"理想自我"就会产生强大的动力,以缩小现实自我与理想自我之间的差距。"应该自我"指语言学习者为了避免产生负面结果而应该具有的特征,往往与工具型动机和外在动机相对应（高一虹,2009）。二语自我动机系统中的"应该自我"和"理想自我"是对"未来自我认同的具体化"（练丽娟、战菊,2017）。Yu Ka Wong（2018）以 121 名中文为第二语言的学习者为研究对象,对他们的阅读成绩与"理想自我"之间的关系进行了实证研究,结果发现"理想自我"对阅读成绩有积极的调节和预测作用。

我国学者对文化认同与语言习得结果之间的关系做了不少实证研究,但研究结果并不一致。有的研究结果显示文化认同与语言水平没有显著相关性甚至呈弱的负相关（任晓华,2011）,有的则显示文化认同与语言水平呈正相关（高一虹,2003;任育新,2008）。然而我们却发现,对在华留学生的文化认同与语言水平的研究结果基本一致,即文化认同与语言成绩显出较强正相关（王爱平,2004）。究其原因,国内学生的语言学习以过级考试、求职的"工具型"外在动机驱动为主,而在华留学生的语言学习以对中国文化感兴趣的"融合型"内在动机驱动为主。文化认同对语言习得的影响不可忽视。有研究表明（王艳,2015）,文化认同能够较好地调适语言学习者的母语文化和目的语文化之间的语言距离,能够促进语言习得的结果。

高一虹团队（2003,2009,2011）对动机、认同与语言习得结果之间的关系做过一系列研究,研究结果发现认同对语言学习有重要的影响,其影响机制为:对目的语群体的认同和向往驱动了学习者的融合型动机,进而带来积极的学习效果。薛芬,韩百敬(2015)以 Norton 的投资和想象认同理论与 Dörnyei 的二语自我系统理论为框架,调查了180名不同专业二语习得者的想象认同、投资观念和投入程度之间的关系,结果发现"想象认同"的"理想自我"角色和"应该自我"角色对投入程度有重要影响,而且"理想自我(对应"融合型"动机)"比"应该自我(对应"工具型"动机)"更能激励学生的投入行为。其实,早在 Gardner 和 Lambert(1972)提出动机理论时就提出"融合型"动机比"工具型"动机对语言习得的结果更有促动力。他们还为此设计了语言学习动机调查量表(AMTB),进行了一系列实证研究来探究动机对二语习得结果的影响。研究结果证实动机在语言学习中是重要的社会心理因素,对语言学习结果产生很大的影响。

纵观20世纪70年代以来有关认同与动机的研究,我们发现二者通常交织在一起共同发展,都是影响语言习得结果的重要因素。

二、学习者策略因素

语言习得的过程不是一个简单的输入、加工、输出的线性过程,除了上述的情感因素之外,学习者策略因素起着极其重要的作用。学习者是学习行为的主体,学习者因素也因此成为语言学家们研究语言习得时最重要的内容之一。学习者因素体现了学习者个体之间的差异,这些差异导致了语言习得结果的千差万别。学习者因素是内部因素,包括学习者的年龄、性别、性格、父母受教育程度、智力水平、学习风格、语言学能和学习策略等等。这些因素有些是学习者生理方面的特性,在短时间内或者永远无法改变的,如性别、性格、智力水平;有些是相对稳定,但是通过努力和时间与精力的投入是可以改变的,如学习者的语言学能相对稳定但绝不是和性别一样不可改变的。学习者随着语言学习经验的增加以及学习策略的运用,语言学能可以提高。学习者学习策略的改善取决于学习者的主观能动性。学习策略的运用能够促进语言加工的过程。学习者是语言学习的主体,其个体差异是决定语言习得结果的关键因素,是所有二语习得影响因素研究中必然提到并强调的。学习者因素是影响语言习得效果的重要因素,下文对学习者因素中主要的几个可控性因素做简单介绍,其中的不可控因素在本书中不作为语言习得路径所讨论的重要部分。

第四章 三语习得的影响因素研究

学习者策略是学习者的语言习得结果的直接影响因素，O'Malley 和 Chamot（1990）将学习者策略定义为学习者为有效地获取、储存、检索和使用信息所采用的计划、行为、步骤、趋势等，即学习者为了促进和调节学习所采取的各种措施或行为。国内外学者对之进行了很多的研究。国外学习者策略的研究始于 20 世纪 70 年代中期，我国的学习者策略研究比国外晚十余年。国内外许多学者对学习者策略进行了分类，早期以二分法为主（如：Wong Fillmore，1976；Bialystok，1978），80 年代末开始以三分类为主流（郑敏，2000），其中影响较大的分类见表 4-10：

表 4-10 学习者策略分类

Rubin（1987）		学习策略	元认知策略
			认知策略
		交际策略	
		社会策略	
O'Malley & Chamot（1990）	元认知策略		
	认知策略		
	社交策略/情感策略		
Oxford（1990）	直接策略		记忆策略
			认知策略
			补偿策略
	间接策略		元认知策略
			情感策略
			社会策略

Rubin（1987）把学习者策略分为了三类：学习策略、交际策略和社会策略。其中，学习策略包括了认知策略和元认知策略，对语言习得产生直接的影响；交际策略和社会策略对语言习得产生间接影响。O'Malley 和 Chamot（1990）也将学习者策略分为三类，并且增加了情感策略：元认知策略、认知策略和社交/情感策略。元认知策略指通过计划、自我监督和自我评价等方式来树立学习语言的观念和确立学习方法；认知策略指在解决语言问题时直接对学习资料分析、综合、转换的策略；社交/情感策略是指通过人际交往与合作促进学习的策略。情

感策略是指调控影响学习的情绪,以良好的心理状态投入学习的策略。这三类学习策略在学习过程的三个层面起不同的作用,共同作用于语言学习的结果:元认知策略对语言学习起调控作用;认知策略解决语言学习过程的具体微观问题;社会情感策略则通过人与人之间的交际互动实施和落实学习计划。Oxford(1990)综合了前人的研究成果,将学习者学习策略分为直接策略和间接策略两类,每类下又分出三个子类,比Rubin 和 O'Malley & Chamot 的分类更加全面和系统。

我国学者文秋芳(1993,1995)也对学习者策略的分类提出了自己的观点。她认为学习者策略不等同于学习方法,学习者策略是学习方法的一部分,并受学习观念的制约。见图4-3:

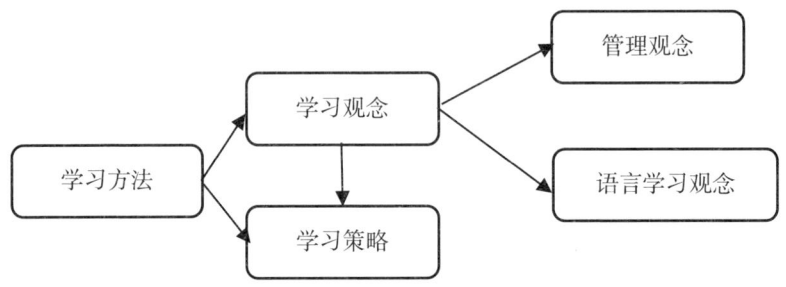

图 4-3 文秋芳学习方法分类图示

文秋芳学习方法分类如图4-3所示,学习方法分为两个层面:上层为"学习观念",是思想意识层面;下层是"学习策略",是行为操作方面。下层受上层的制约和管控。观念具有持久性和相对稳定性,学习策略则具有具体性和可选择性。观念分为管理观念和语言学习观念。管理观念指学习者对自我监督和调控重要性的认识,近似于"元认知策略";语言学习观念是对"元认知策略"的扩展,指学习者对如何才能习得语言知识、技能和交际能力的主张。思想指引行动,学习观念对学习者的语言学习行为有直接的影响,因此,要想提高学习者的语言学习行为和策略就必须改善其学习观念,以学习观念驱动学习策略的改良。也就是说,学习策略的选择和使用要以正确的学习观念的树立与培养为前提。

王立非(1998)认为学习策略是一个心理认知过程和具体行为相结合、由认知观念和方法手段构成的动态系统,是学习者关于语言学习的观念所采取的具体对策的综合体系。管理策略则包括制定目标、选择方

第四章　三语习得的影响因素研究

法、时间安排、方法效果评估和调整等；实证研究结果证明学习者对学习策略的使用与其语言习得的结果有重要关系(文秋芳,1995;王文宇,1998)。管理策略与语言习得结果的关系是间接的,管理策略独立于语言学习的具体行为,它是对语言学习活动进行组织和安排,间接作用于语言习得结果(文秋芳、王海啸,1996)。因此,充分利用或改良学习策略是提高三语习得成效的必要手段。

在对少数民族学生英语学习策略的研究中,研究的焦点聚集在学生是否使用策略、使用了哪些策略以及这些策略使用的先后顺序等。诸多研究表明,学习策略的使用与成绩水平有显著的相关关系。张朝霞(2009)以调查问卷和访谈的方式对喀什师范学院英语专业少数民族大学生进行了英语学习策略使用情况的研究。其结果表明：英语专业少数民族大学生英语学习策略使用情况不理想,并且英语成绩与学习策略的使用正相关,学习策略的运用对英语成绩提高有显著影响。较成功的学生和不太成功的学生在策略使用上有显著差异,较成功学生更频繁且更善于使用学习策略。肖宇、王福宁(2009)对石河子大学的"民考汉"和"民考民"非英语专业少数民族本科生的学习策略调查表明,词汇学习策略的使用和词汇学习水平之间存在着正相关,并且成功的词汇学习者比不成功的学习者使用了更多的词汇学习策略。李河、李嘉东(2010)也对某师范大学的少数民族学生进行了英语词汇学习情况的调查。调查结果表明,学生使用最多的策略是元认知策略,其次是情感策略、母语策略和认知策略;最少使用的是补偿策略;有些少数民族学生还使用国家通用语依赖策略。而本研究结果表明,高校少数民族三语生在英语学习过程中存在运用管理策略多、运用学习策略少;对英语学习反思多、落实少;计划多、执行少的眼高手低的现象。诸多研究结果表明,学习策略的使用对语言学习有非常重要的影响。

三、背景语言因素

二语习得与三语习得最大的区别体现在语言因素带来的复杂性。语言的心理距离以及语际之间的迁移意识对学习者有着重要的影响。由于语言的心理距离和语际迁移意识是主观因素,是可以通过学习或训练强化的,因此本研究将语言因素归为可控性因素。

Cenoz(2003)指出引起跨语言影响的因素很多,其制约因素有：

语言距离、语言地位、语言接触的时间长短、学习者的年龄和语言熟练程度、语言学习的顺序,等等。其中语言距离是预测三语习得中跨语言影响的最重要因素。语际迁移发生在至少三种语言系统之间。三种语言体系之间发生语言迁移的交互作用,使得三语习得远比二语习得的过程复杂。

语言距离包括类型距离和心理距离。语言距离和语言地位对三语语际迁移直接影响作用。心理语言距离是学习者的认知心理,它基于对语言知识的认知。随着对语言知识的积累和语言元意识的加强,语言的心理距离具有可调控性。背景语言水平也是制约语际迁移的一个重要因素,并且充当着三语习得的中介手段作用,因此背景语言水平的高低对第三语言的习得效果有着重要影响。

语际迁移发生在三个以上的语言体系之间的语言迁移现象,其复杂性是三语习得区别于二语习得的重要原因,对三语习得的结果起着十分重要的作用。Odlin(1989)将语言迁移定义为目标语和其他任何已经习得的(或没有完全习得的)语言之间的共性和差异所造成的影响。定义中的迁移不仅指来自学习者母语的影响,而且还指学习者已经习得的任何其他语言的知识对于新语言习得的影响。语言迁移有"正迁移"(Positive effect)和"负迁移"(Negative transfer)之分。当语言距离比较近时,既得语言会促进二语或三语习得,产生语言间的"正迁移";反之,则发生语言间的"负迁移"。他认为语言谱系之间的距离、语言类型都可能影响母语对目标语学习所发生的迁移(Cenoz,2001)。Cenoz(2001)对三语习得者的研究也得出了类似的结论。他以母语为西班牙语、二语巴斯克语和三语英语的学习者为对象进行了研究,发现学习者的母语西班牙语和目标语英语非常相近,很容易发生母语对三语的正迁移。

虽然说 Krashen(1982)、Stern(1983)、Gardner(1985)和 Splosky(1989)以及国内的戴运财、戴炜栋等在他们的模式中没有包含语言因素。但是自 19 世纪末以来,语言迁移(language transfer/crosslinguistic influence)一直被看作是影响语言习得的重要因素,语言迁移受到的影响因素也是多方面的。

Jarvis & Pavlenko(2008)将影响语言迁移的主要因素归纳为语言学因素、认知因素、语言学习经验因素、学习环境因素以及语言使用因素 5 个方面,这 5 个方面的因素独自或与其他因素共同影响迁移的程

第四章 三语习得的影响因素研究

度与方向。Ellis(2008)则从社会、学习者心理以及语言学角度归纳出影响语言迁移主要因素,包括社会语言学因素、语言距离和心理类型、语言标记性、语言原型性、发展因素等(文华俊,2013)。

语言距离分为"客观语言距离"和"心理语言距离"。"客观语言距离"指语言学家能客观地、正式地界定和识别的语言和语系间的距离;"心理语言距离"指语言学习者主观感受到的语言之间存在的距离,它与学习者对语言的认知力和感受力有关。客观语言距离近表明两种语言间的相似性高,容易发生语言正迁移,语言学习较容易;反之,客观语言距离远表明两种语言的相异性高,容易发生语言负迁移,语言学习较为困难(顾伟勤等,2010)。然而,也有研究者发现,学习者对语言距离的主观估计要比客观的语言距离对迁移的影响更大。Kellerman(1977)的研究表明,在其他条件相同的情况下,学习者如果觉得其母语与其正在学习的二语的某个结构相同或者觉得两种语言距离小,那么就会产生迁移。这种主观感受下的语言距离虽然说是含有个体的主观感受和判断,但是也受到个人的语言感知能力和语言学习经验的影响。李明子(2018)以60名少数民族大学生为研究对象,以元音为例,研究了不同L3水平的维吾尔族大学生语音层面心理语言距离和L3水平之间的关系。研究结果表明,与L3水平较高的受试比,L3水平较低的受试在语音感知中更容易受到心理语言距离的影响,心理语言距离是引起跨语言影响的重要因素之一。另一方面,也有研究者认为语际的相似性对语言迁移的影响比语言的差异性更大(Cenoz,2001;Ringbom,2001,2007)。当语言学习者主观地认为源语言与目标语非常相似时,迁移发生的概率高,并且这种主观的相似性会引发学习者进一步去假设更多的相似性。此研究在三语/多语习的研究中较多。因此,通过语言间的对比寻找语言之间的相似性可以调节学习者的语言心理距离,降低三语习得的难度。

除语言距离之外,有学者认为语言地位也影响语际迁移。Hammarberg(2001)从认知角度研究语言习得,提出了"第二语言的地位"这一概念。其研究结果表明学习者在三语产出过程中,第二语言比第一语言更容易被激活,对三语的影响比母语更大,而关于二语语言地位和语言距离对三语习得中语言迁移的影响的大小学界并未达成一致的观点。在三语习得的过程中,是二语先被激活,还是母语先被激活来充当媒介去习得第三语言也不能简单而论,还要受其他因素的影响。

背景语言是影响三语习得的重要因素,它指学习者在学习第二或更多语言之前既得的语言知识体系,即母语/第一语言和二语。对于母语/一语(L1)在语言习得中起什么作用,研究者对此做了大量的研究。语言习得研究领域中的行为主义学派、认知学派和社会文化派分别持有各自的观点。行为主义学派认为母语对二语习得者的语言学习起干扰作用,二者差异越大学习的困难就越大(Lado,1958)。认知派在这个问题上内部出现分歧。部分学者否定 L1 对语言习得的作用,认为中介语的发展是一个重新创造的过程,不受母语的影响,L1 的任何特征不会迁移到中介语中去(Dulay & Burt,1974)。与之相反的观点是完全迁移假说和部分迁移假说。完全迁移假说认为二语习得以 L1 为起点,母语的各个参数及特征都会迁移到二语的初始状态中去(Schwartz & Sprouse,1996);部分迁移假说认为语言的初始状态由部分母语的原则和参数组成(Vainikka & Young-Scholten,1996)。其他的认知学派都不同程度地肯定 L1 对二语习得的作用,只是阐释的视角不同而已(如,Goldschneider & Dekeyser,2001;Bardovi-Harlig,2005)。社会文化派强调在使用中 L1 充当了中介工具,在二语学习中作为一种策略起积极促进作用(Centeno-Cortes & Jimemez-Jimenez,2004)。

实证研究证明背景语言水平影响语言迁移的性质和程度,L1 水平越高,正向迁移就越多(Guion et al.,2000;Odlin & Jarvis,2004)。但随着二语水平提高,迁移程度是加强还是减弱,研究结果莫衷一是。L2 水平与迁移的关系会与许多其他因素如语言距离等混杂在一起发生作用,因此,难以确切测定其影响(Ringbom,2007)。一些学者对背景语言水平与语言习得的结果做了实证研究。Sparks 和 Ganschow(1991)发现母语水平对第二语言的成绩有较高的正相关。文秋芳(Wen,1993)也发现高考语文成绩对英语专业四级考试成绩有较强的预测能力。"实证研究表明,语言水平对迁移的性质和迁移的发生确实有很重要的影响,但因各种原因而使影响关系至今难以厘清"。"近年一些侧向迁移研究表明,学习者的二语水平对学习者学习三语也会产生影响。"(文秋芳,2010)

Bardel(2007)认为背景语言水平比目的语高时,背景语言容易被激活从而对目的语的学习产生影响;反之,背景语言水平低于目的语时,目的语会反过来促进背景语言体系再建构。三语的学习过程是一个复杂的语言运动过程,学习者的母语、二语和三语的发展水平通常是不

第四章 三语习得的影响因素研究

均衡的,这种不均衡性导致了语言激活和语言迁移方向的复杂性。

以新疆少数民族学生为例,他们的三语习得顺序通常为母语、国家通用语、英语。三种语言分属于不同的语系：维吾尔、哈萨克、蒙古语等属阿尔泰语系；国家通用语属汉藏语系；英语属印欧语系,三种语言的语言距离较远。当少数民族学生学习英语时,先是母语被激活,还是国家通用语被激活不能一概而论,因为学生还受到既得的两种语言即背景语言水平的制约,因此这是一个个性化的问题。研究发现母语水平高的学生往往国家通用语的水平也相对较高,当他们学习英语时,国家通用语言的水平成为一个制约要素。国家通用语的水平直接影响到第三语言的习得结果。究其原因,母语水平高的学生的语言学能高于母语水平低的学生,在学习国家通用语的初期,母语更容易被激活来协助学习者学习国家通用语。国家通用语是大多数少数民族学生学习英语的媒介语言,媒介语言的水平成为制约三语水平的关键因素。

第五节 本章小结

本章首先概述了三语习得影响因素的分类,然后从实证研究和理论研究两个方面对高校少数民族三语生的三语习得现状及主要的影响因素进行了分析,并在此基础上对可控性影响因素变量组合进行了归纳。

高校少数民族三语生的第三语言(英语)的水平整体低于全国平均水平,导致现状的原因很多。本研究调查结果表明,环境因素、学习者的背景语言水平、课程设置、教材和师资都对之有重要的影响。首先,少数民族地区的政治、经济、教育、文化发展不平衡,语言环境差异大,学习者的生源地有的是单语环境,有的是双语环境,也有相对发达地区的学习者从小就接触外语,因此他们的背景语言水平及第三语言水平一开始就存在差异。其次,受到地区性的语言政策的影响,政府依据当地的条件来决定是否开设外语课程。各高校的课程设置不尽相同,但总体来看,课时量太少。此外,高校的英语教学常年面临着师资匮乏的问题。近年来,高校逐年扩招双语生,所有专业的学生都必须学习外语,这使得英语教学面临日益增大的压力。

立足于国内外对语言习得影响因素的研究,本研究结合高校少数民族三语生的三语习得特点,归纳出环境、语言、情感和学习者四个主要的影响因素系统。其中环境因素包括教育环境因素和学习环境因素子系统,语言因素包括语言迁移因素和背景语言水平因素两个子系统,情感因素包括学习动机和文化认同子系统,学习者因素主要包括语言学能和学习策略子系统。在以上主要影响因素中,有些是可控性因素,有些是不可控性因素。可控性是相对的,因主体不同而不同。本研究的可控性因素为学习者可控性因素,包括情感因素、学习者策略因素和语言因素。其中情感因素又分为文化认同和学习动机两组因素,学习者策略因素分为管理策略和学习策略两组因素,语言因素分为心理语言距离和语际迁移意识两组因素。本研究基于本章归纳的可控性影响因素变量组合,研究可控性影响因素之间的关系和对三语习得路径的影响,并构建三语习得有效路径模型。

第五章 三语习得可控性影响因素分析

本章通过调查问卷对三语习得者可控性影响因素对学习者的影响做了调查与分析。学习者可控性影响因素特指学习者通过财力、物力或人力的投入可以对三语习得成效产生促进作用的因素,包括背景语言因素(心理语言距离、语言迁移意识等)、情感因素(文化认同、学习融合型动机和工具型动机)、学习者因素(学习策略和管理策略)。使用社会统计学软件SPSS19.0对调查数据进行了处理分析。

研究首先通过描述性统计对学习者可控性影响因素对被试的影响做了全面的描述,然后通过相关性分析观察了各组影响因素之间存在怎样的动态关系,接着通过二列相关分析的方法分析了学习者可控性影响因素对L3水平的影响,由此我们可以知道各组影响因素与被试L3水平之间的关系强度。之后,为了提高三语习得成效,研究通过Logistic回归模型分析计算出对被试的L3水平由"低水平"向"高水平"转化具有预测作用的因素。最后,研究采用差异性分析(独立样本t检验、One-way Anova单因素组间方差分析)分析了不同性别之间、不同民族之间、不同教育背景的被试之间、英语"高水平"学习者和"低水平"学习者之间所受影响因素的影响是否存在显著差异。作为对量化研究的有益补充,研究对L3"高分"者和"低分"者进行了个案研究,研究了二者在情感、语言、学习者策略三个方面的差异。以上数据分析结果为三语习得有效路径假设模型的构建提供了实证基础。

第一节 学习者可控性影响因素对三语习得者的影响

为了解情感因素、语言因素、学习者策略三个方面的六组因素作为整体对被试所施加的影响,本研究对所有维度的 25 个测度项进行了描述性统计,并对结果进行了分析,之后用 SPSS19.0 中"计算变量(Compute variables)"对六个维度的问题分别进行合并,计算出各组因素的均值。最后,将各组因素作为整体进行描述性统计,旨在了解每一个维度的因素对三语习得的影响(注:由于问卷中陈述语句较长,下文各表格中较长句子以关键词或者要义形式替代,如:问卷中"我学习英语是因为我很羡慕能说一口流利英语的人",这一句在表格中以"羡慕别人口语好"替代)。

情感因素的两个核心变量文化认同和学习动机(融合型、工具型)以及背景语言、学习者策略(学习策略、管理策略)都对三语学习者的三语习得结果产生重要影响,因此研究先对被试作为三语学习者对目的语文化的态度、学习动机、所感受到的心理语言距离以及所使用的学习者策略共计 25 个测度项做描述性统计。

问卷由三个维度/六组因素共计 25 个问题构成。其中文化认同有 5 个测度项,背景语言有 3 个测度项,融合型动机有 4 个测度项,工具型动机有 4 个测度项,学习策略有 4 个测度项,管理策略有 5 个测度项。通过"计算变量"将每个维度的测度项合并求得维度平均值,并形成新的变量。

统计数据分析显示,在六组影响因素中,背景语言因素问题的平均值最高 M=3.92(SD=0.81),其次是融合型动机 M=3.84(SD=0.78),再次是管理策略 M=3.51(SD=0.73),然后是学习策略 M=2.75(SD=0.79),平均值排在最后的是工具型动机 M=2.68(SD=0.91)。见表 5-1:

第五章 三语习得可控性影响因素分析

表 5-1 情感因素、背景语言因素、学习者策略因素的均值比较表

	均值	标准差
文化认同	3.44	0.73
背景语言因素	3.92	0.81
融合型动机	3.83	0.78
工具型动机	2.68	0.91
学习策略	2.75	0.79
管理策略	3.50	0.82

以上结果说明高校少数民族三语生普遍对背景语言 L1、L2 在 L3 的学习中所起的影响作用表示高度的认可,并且明显地表现出与目的语的心理语言距离。在两种类型的动机中,融合型动机的均值明显高于工具型动机。由于调查问题中工具型动机是反向题目,起反向作用,所以均值越低说明被试的融合型动机就越强,越有利于学习者的 L3 学习。

统计数据显示在两种学习者策略中,管理策略的均值明显高于学习策略,这说明高校少数民族三语生在 L3 学习过程中存在运用管理策略多、运用学习策略少;对 L3 学习反思多、落实少;计划多、执行少的眼高手低的现象。管理策略的均值高居六组因素均值排序的第二位,学习策略均值仅有 2.75,位居倒数第二位,说明被试学习策略严重缺乏,是被试 L3 学习中明显的短板,有待加强。

下面对问卷所包含的所有测度项进行描述。见表 5-2。

表 5-2 由三个方面的六组因素共计 25 个问题构成。数据分析结果显示,在文化认同的 5 个测度项中,被试对文化认同维度的第 5 个问题"我喜欢听英文歌曲"的回答均值明显高于其他问题(M=4.26,SD=0.83),频度统计结果显示 90.1% 的被试对英文歌曲感兴趣。这个结果体现了高校少数民族三语生对音乐这种文化艺术表现形式的钟爱。均值最低的是对文化认同维度第 2 个问题"我喜欢西式婚礼"的回答,均值 M=2.74,SD=1.23,频度统计结果显示 31.7% 的被试表示喜欢。这表明高校少数民族三语生对西方婚礼习俗等形式的认同度不高。被试中表示"喜欢欧式建筑风格"的占 81.8%,均值位居第二,M=4.03,SD=1.15,这体现出高校少数民族三语生对西方形象视觉艺术形式的接受,在审美方面表现出较高的一致性。被试中表示对西餐,如肯德基、德克士等感兴趣的学生也超过半数,占 61.1%(M=3.45,SD=1.15),表示

喜欢过西方节日,如圣诞节、情人节的被试未超过半数,只占33.4%,均值 M 为 2.77,SD=1.19。这表明高校少数民族三语生对西方舶来节日认同度不高。

表 5-2 可控性因素对三语学习者的影响描述性统计表

序号	影响因素	测度项	平均值	标准差
1	文化认同 1	对西方饮食认同	3.45	1.157
2	文化认同 2	对西方婚礼习俗认同	2.74	1.236
3	文化认同 3	对西方节日认同	2.77	1.196
4	文化认同 4	对西方建筑风格认同	4.03	0.923
5	文化认同 5	对英文歌曲认同	4.26	0.831
6	背景语言 1	国家通用语对英语影响	3.55	1.195
7	背景语言 2	民语对英语影响	4.08	1.012
8	背景语言 3	民语、英语相似度	4.15	0.965
9	融合动机 1	羡慕别人口语好	3.75	1.182
10	融合动机 2	提高个人素质	4.13	0.960
11	融合动机 3	想与老外交流	3.74	1.099
12	融合动机 4	因为兴趣	3.74	1.065
13	工具动机 1	被迫学习	2.11	1.228
14	工具动机 2	从众心理	2.40	1.290
15	工具动机 3	为找工作	3.69	1.175
16	工具动机 4	为了过级	2.53	1.328
17	学习策略 1	课外自发看电影	3.96	1.036
18	学习策略 2	课外主动交流	2.50	1.163
19	学习策略 3	课外主动阅读	2.53	1.171
20	学习策略 4	课外主动写作	2.03	1.021
21	管理策略 1	制订计划	2.99	1.205
22	管理策略 2	情绪管理	3.45	1.111
23	管理策略 3	调整计划	3.52	1.052
24	管理策略 4	学习经验反思	3.68	0.988
25	管理策略 5	学习经验总结	3.90	0.956

第五章 三语习得可控性影响因素分析

语言因素中的语言迁移发生在学习者信息加工过程中不可见的环节,背景语言水平的提高对语言迁移和语言学能的提高有积极的作用。背景语言水平可以通过学习者的努力有目的有计划地提高,因此本研究将之视作学习者可控性因素。本研究调查结果显示被试普遍认为自己已经掌握的背景语言即本民族语和国家通用语对于目前正在学习的第三种语言影响较大,M=3.92,SD=0.81,尤其是他们的本民族语言水平对他们正在学习的 L3 即英语的学习很有帮助,统计结果显示该组因素均值 M=4.08(SD=1.01)。从语言的心理距离来看,他们认为英语和他们的本民族语有许多相似之处(M=4.15,SD=0.97),这有利于元语言意识的培养;国家通用语水平高对他们的英语学习也很有帮助(M=3.55,SD=1.19)。

依据 Gardner(1985)对动机的分类,研究分别对被试的融合型动机和工具型动机进行了调查。动机因素的均值仅次于背景语言水平,可见动机对被试的影响较大。在融合型动机因素中,被试对融合型动机维度中的问题 2 "我学习英语是因为我想成为一个综合素质高的人"的回答平均值最高(M=4.13,SD=0.96),这说明大多数被试都持有英语是提高自身综合素质的一种手段的观念,并且对自己提出了因此而学习英语的要求,这是积极上进的表现。平均值排在第二位的是对融合型动机维度中第一个问题的回答,即"我学习英语是因为我很羡慕能说一口流利英语的人",平均值 M=3.75,SD=1.18;这一结果说明,大多被试内心都有一个英语口语流利的"理想自我",希望自己能成为这样的人。被试对融合型动机中第 3 个问题"我学习英语是因为我喜欢和外国人交流"(M=3.74,SD=1.09)和融合型动机中的第 4 个问题"我学习英语是因为我对英语和英语文化感兴趣"的回答均值相同(M=3.74,SD=1.06),且大于中位数,这说明被试具有渴望与英语本族语者交流,以及因为对目的语文化感兴趣而学习英语的融合型动机。

工具型动机的总体均值在所调查的六个维度的因素中最低,M=2.68,SD=0.91;其中,持有"我学习英语是因为以后想找一份好点的工作"动机的人数最多,占72.9%,M=3.69,SD＝1.17;认为"我学习英语是因为被逼无奈而学"的占18.3%,均值最低 M＝2.11,SD＝1.22;表示"我学习英语只是因为过级考试的要求"的占29.6%,M＝2.53,SD＝1.32;持有从众心理,表示"我学习英语是因为大家都在学"的占27.4%,M＝2.4,SD＝1.29。工具型动机是反向题目,均值越低说明动机指向越积极,越有利于语言水平的提高。

本研究对被试的学习者策略中的管理策略和学习策略进行了调查,前者侧重于对语言学习的元认知,后者侧重于对语言学习的具体操作。

统计数据显示,在管理策略中,均值最高的是管理策略5(M=3.90,SD=0.95),频度统计结果显示78.7%的被试表示"当考试成绩不理想时,我会总结经验教训,继续努力";均值位居第二的是管理策略4(M=3.68,SD=0.98),68.5%的被试表示"我经常反思自己的学习方法是否有效";之后是管理策略3(SD=1.05),60.8%的被试表示"当学习计划与实际情况不符,我会调整学习计划并坚持完成"。对于管理策略2(SD=1.11),有59.9%的被试表示"当我英语学习情绪低落时,我会及时调整、鼓励自己";最后,均值最低的是管理策略1(M=2.99,SD=1.20),仅有38.8%的被试表示"我有明确的英语学习计划和目标"。综合以上数据分析,被试对英语学习的计划性和目标性较弱。

统计数据显示,被试学习策略总体均值较低M=2.75(SD=0.79)。其中被试表示"我经常看英文电影"以提高L3水平的占78%,均值排列第一位,M=3.96(SD=1.03)。这表明被试对英文电影的兴趣比较浓厚,通过轻松娱乐的方式学习语言比较受到他们的青睐,这也印证了前人研究中(魏亚丽、彭金定,2013)高校少数民族三语生的学习风格为"视觉型"这一结论。除此之外,其他三项的均值均不高,其中最低的是"我经常用英文写日记"这一项,M=2.03(SD=1.02),仅占总人数的11.1%;此外,被试课外主动用英文交流的较少M=2.50(SD=1.16),占22.4%;课外主动阅读英文报纸或书刊的也不多,M=2.53(SD=1.17),占23.2%。

从以上统计数据看出,被试学习目的语的积极主动性不足,学习策略中倾向于选择自己感兴趣的"视觉型"方式进行目的语学习。总体而言,被试应用学习策略不够,四项语言学习策略中,只有第一项均值高于中位数,其他均比较低,这说明被试的努力程度还不够,学习策略还有待提升,学习效果也有很大提高的可能性。

第二节　三语习得可控性影响因素间的动态关联

基于动态系统理论,戴运财、王同顺(2012)提出二语习得的影响因素以及影响因素之间的交互作用构成了复杂的动态系统,它决定了二语习得的速度与最终水平。由于背景语言的复杂性,三语习得的影响因素比二语习得更加繁杂,这种复杂性不仅表现在多语言系统的相互影响,还表现在语言迁移的多向性和语言发展的非线性。依据 Hufeisen(1998)的因素模型与 Herdina、Jessner(2000)的多语动态模型理论,语言习得中的所有影响因素处在一个动态的系统之中,各个影响因素相互关联,共同作用于语言习得结果。因此,为了观察学习者可控性因素之间存在怎样的关系,研究对各组因素做了皮尔逊 r 相关分析(Pearson)。见表 5-3:

表 5-3　学习者可控因素间的相关性分析表

		背景语言	融合型动机	工具型动机	学习策略	管理策略
文化认同	Pearson 相关性	.196**	.302**	-.099*	.189**	.087*
	显著性(双侧)	.000	.000	.014	.000	.032
背景语言	Pearson 相关性	1	.426**	-.066	.203**	.253**
	显著性(双侧)		.000	.104	.000	.000
融合型动机	Pearson 相关性		1	-.226**	.267**	.396**
	显著性(双侧)			.000	.000	.000
工具型动机	Pearson 相关性			1	-.170**	-.258**
	显著性(双侧)				.000	.000
学习策略	Pearson 相关性				1	.449**
	显著性(双侧)					.000
管理策略	Pearson 相关性					1
	显著性(双侧)					

*. 在置信度(双测)为 0.05 时,相关性是显著的。
**. 在置信度(双测)为 0.01 时,相关性是显著的。

皮尔逊 r 相关性分析结果显示，文化认同与融合型动机呈现出高度相关，相关系数 r=0.302（p =0.000，双侧），这说明文化认同越高的被试，所表现出的融合型动机就越强；反之，文化认同越低的被试所表现出的融合型动机越弱。文化认同与学习策略显现出显著的正相关关系，相关系数 r=0.189（p =0.000，双侧）；也就是说文化认同越高的被试在学习策略方面的均值就越高，反之，文化认同均值越低的被试学习策略因素的均值也越低，这说明文化认同高的被试会更多地使用学习策略，对 L3 学习的投入更多；文化认同度越低的被试对学习策略使用越少，L3 学习投入的时间和精力也相应越少。相关性分析表显示，文化认同与管理策略也显出显著的正相关关系 r=0.087（p =0.032,,双侧），由此我们知道文化认同越高的被试，其管理策略使用也较好，学习更具计划性，有更清晰的目标，对学习的过程反省更多。文化认同与工具型动机在 0.05 水平（双侧）上呈显著负相关关系 r=-0.099（p =0.014，双侧），这说明，对目的语文化认同高的学生持有工具型动机较低，即其学习英语的目的不是为了通过英语考试或被迫进行被动的学习，这也与其融合型动机高的结果一致。分析数据还显示被试的背景语言与融合型动机呈高度正相关关系，相关系数 r=0.426（p =0.000，双侧），这说明融合型动机强的被试更认同背景语言水平对其第三语言学习有影响，其与英语言的心理距离也越近，学习过程中更容易发生语言的正迁移；同时，心理语言距离近增强了学习者融合型动机，也降低了学习者的主观感受到的学习难度。融合型动机与工具型动机是相对、既有区别又有联系的两种不同类型动机，二者呈显著负相关关系，相关系数 r=-0.226（p =0.000，双侧），这说明融合型动机和工具型动机具有相互排斥性。统计分析显示融合型动机与学习策略呈显著正相关，相关系数 r=2.67（p =0.000，双侧），与管理策略亦呈显著正相关关系，相关系数 r=0.396（p =0.000，双侧）。这说明，融合型动机越高的被试越能够主动地使用学习策略和管理策略。可见，学习策略和管理策略可以通过融合型动机来驱动，这为三语习得有效路径假设模型的构建提供了依据。与融合型动机相反，工具型动机越强的被试对学习策略与管理策略的使用越显得被动，分析数据显示工具型动机与学习策略和管理策略呈显著负相关关系，相关系数分别为 r=-0.17（p =0.000，双侧）、r=-0.258（p =0.000，双侧）。这说明工具型动机越强的被试学习策略和管理策略使用状况越不好。表中显示学习策略与管理策略呈高度正相关 r=0.449

(p =0.000,双侧),这说明学习策略与管理策略相辅相成,学习策略使用得好的学习者对自己的语言学习也进行了比较好的管理。

从以上分析可以看出,本研究所提取的六组三语习得学习者可控性影响因素相互之间都有高度的相关性,有密切的互动关系,这也验证了语言习得是一个动态的系统这一结论。这些因素相互关联互动,共同作用于语言习得的结果,下面分析各组影响因素与被试 L3 水平之间的关系。

第三节 学习者可控性影响因素对 L3 水平的影响

本研究最终要解决的问题是如何促进第三语言(L3)习得的成效,因此我们需要研究如何利用可控性影响因素促进 L3 水平,我们先对学习者可控性因素与 L3 水平间的关系强度做分析。

一、学习者可控性影响因素与 L3 水平的相关度

学习者可控性影响因素对三语学习者的 L3 水平有重要的影响,但是影响作用并不是均衡的。为了观测每一组因素对语言习得结果即 L3 水平的影响强度,研究对他们进行了相关性分析。由于研究对被试的 L3 水平进行了人为二分类,故采用了二列相关分析(Bi-serial correlation)。分析结果见表 5-4:

表 5-4 二列相关分析表

影响因素变量	列联系数	P 值
文化认同	0.168	0.534
背景语言	0.102	0.894
融合型动机	0.176	0.186
工具型动机	0.176	0.236
学习策略	0.258	0.000
管理策略	0.211	0.096

表 5-4 显示,每组影响因素都与被试 L3 水平的有不同程度的相关关系。其中"学习策略"因素与 L3 水平的相关强度为 0.258,显著高于其他因素($p<0.01$),这说明被试的 L3 水平受学习策略使用状况的影响最大,换言之,学习策略的使用对 L3 水平起关键的作用。"管理策略"因素与 L3 水平的相关系数位居第二,显示为 0.211。"管理策略"与"学习策略"共同构成了"学习者策略",前者属于语言学习元认知,处于学习观念层面;后者属于具体操作,处于学习行为层面。文秋芳(1997)研究表明学习观念通过学习策略间接影响语言习得的结果。融合型动机和工具型动机对 L3 水平的影响强度相同,均为 0.176;之后依次为是文化认同和背景语言水平。综上所述,学习者可控性影响因素对被试的 L3 水平的影响关系强度依次可排序为:学习策略 > 管理策略 > 融合型动机/工具型动机 > 文化认同 > 背景语言。

二、L3"低水平"向"高水平"转化的预测因素

本研究归纳了三个方面/六组影响三语习得的学习者可控因素。其中哪些因素对学习者的 L3 水平提高具有预测作用呢? 依据被试的国家公共英语水平考试过级结果,参照文秋芳(1995)对英语成功者与不成者的划分,研究对被试进行了 L3 水平二分类,即 L3"低水平"和L3"高水平",拟探讨二分类因变量和六组自变量之间的关系,为此本研究对数据采用了 Logistic 回归模型进行分析,对可控影响因素的预测力进行分析。数据处理前先对二分类变量进行编码,L3"低水平"者编码为 0,L3"高水平"者编码为 1;之后以"文化认同""背景语言""融合型动机""工具型动机""学习策略""管理策略"为自变量,以"L3水平二分类"为因变量,采取"强行进入"的方法进行计算。数据分析结果见表 5-5:

表 5-5 L3 水平转化预测因素的 logistic 回归分析

表 5-5.1 方程中的变量

		B	S.E,	Wals	df	Sig.	Exp(B)
步骤 0	常量	−1.721	.113	233.724	1	.000	.179

*$p<0.05$

表 5-5.1 Logistic 回归分析结果显示,β=−1.721,Exp(β)=0.179,

$p < 0.05$ 说明此预测结果具有统计学意义。

表 5-5.2　模型汇总

步骤	-2 对数似然值	Cox & Snell R 方	Nagelkerke R 方
1	364.595[a]	0.226	0.395

Logistic 回归分析结果显示 R2 =0.226，此结果说明此统计分析结果可以解释 22.6% 的高校少数民族三语生 L3 的学习状况。

表 5-5.3　方程中的变量

	B	OR（95% CI）	P 值
工具型动机	-0.311	0.733（0.563-0.953）	<0.05
学习策略	0.756	2.129（1.529-2.965）	<0.01

在步骤 1 中输入的变量：文化认同，背景语言，融合型动机，工具型动机，学习策略，管理策略。

Logistic 回归分析结果显示，6 组学习者可控性影响因素：文化认同、背景语言、融合型动机、工具型动机、学习策略，工具型动机和学习策略中，对于学习者通过国家公共英语四级考试具有显著预测作用的有 2 组，即工具型动机和学习策略因素。工具型动机 $p=0.021 < 0.05$，$\beta =-3.11$，OR 值为 0.733；学习策略 $p = < 0.01$，$\beta =0.756$，OR 值为 2.129，说明工具型动机和学习策略对 L3 水平从"低水平"向"高水平"转化具有显著的预测作用，工具型动机 β 值为负，说明工具型动机对 L3 水平具有方向作用。

第四节　性别、民族、教育背景对学习者可控因素的影响

研究对不同性别、不同民族、不同教育背景的被试做差异性分析，以了解他们所受影响因素的作用是否有差异，以保证研究所构建的三语习得有效路径假设模型的通用性和稳定性。下文以性别、民族、类型为分组变量对所受到的影响因素进行差异性分析。

一、学习者可控影响因素之性别差异

在语言习得方面,性别是一个重要的不可控影响因素,不同的性别在各个影响因素方面也显现出差异。性别固然不可改变,但是作为教师了解男女生所受影响的差异,可以因材施教,提高语言教学效果。下文以性别为分组变量,各影响因素为因变量进行独立样本t检验,对均值进行比较。

在613个被试中,男生213名,女生400名。以性别为分组变量的独立样本t检验结果显示,男女生除了在学习策略方面没有显著差异外,在文化认同($p = 0.000$,$d = 0.509$)、背景语言因素($p=0.037$,$d =0.189$)、融合型动机($p=0.037$,$d =0.324$)、工具型动机($p =0.037$,$d = 0.325$)、管理策略($p =0.037$,$d =0.343$)方面均显现出显著差异。见表5-6:

表5-6 学习者可控习因素之性别差异表

	男生 (n=213)		女生 (n=400)		MD	t(df)	差分得95%置信区间	
	M	SD	M	SD			下限	上限
文化认同	3.20	0.77	3.57	0.68	-0.38	-5.96*(611)	-.497	-.259
背景语言	3.82	0.94	3.98	0.74	-0.16	-2.25*(611)	-.292	-.020
融合型动机	3.67	0.86	3.93	0.74	-0.26	-3.93*(611)	-.302	-.009
工具型动机	2.88	0.97	2.58	0.87	0.30	3.76*(392)	-.391	-.130
管理策略	3.32	0.93	3.61	0.75	-0.29	-4.18*(611)	-.397	-.124

* $p < 0.05$

以上结果提示我们:在语言教与学的过程中,男女生所受到的影响因素存在显著差异。因此,我们的教学方式应该有所区别,应该充分了解教学对象,有的放矢地进行教学方可提高语言的教学成效;从学习者角度来看,男女生应该针对自己的性别特点扬长避短,提高学习成效。

二、学习者可控因素之民族差异

本研究按照民族将被试分为 A、B、C 三组。下文将使用单因素组间方差分析(One-way ANOVA)的方法来考察这三组被试受到的学习者可控性影响因素的影响是否存在显著差异。在进行单因素组间方差分析之前,先进行了方差齐性检验。方差齐性检验结果显示文化认同、工具型动机、学习策略三组因素的方差呈齐性;背景语言、融合型动机和管理策略三组因素的方差不齐。单因素组间方差分析结果显示,A、B、C 三组被试在背景语言、工具型动机与管理策略三组影响因素方面表现出显著差异($F(3,610)=12.86$, $p<0.05$; $F(3,610)=4.61$, $p<0.05$; $F(3,610)=4.77$, $p<0.05$);在文化认同、融合型动机、学习策略方面无显著性差异,见表 5-7:

表 5-7 学习者可控因素之民族差异表

	A (n=464)		B (n=115)		C (n=34)		F (3,61)	Post Hoc (Games-Howell)
	M	SD	M	SD	M	SD		
背景语言	3.99	0.78	3.81	0.79	3.31	1.07	12.86*	A>C B>C
工具型动机	2.62	0.92	2.79	0.87	3.05	0.83	4.61*	A<C

* $p < 0.05$

单因素组间方差分析(One-way ANOVA)结果显示,三组被试之间在背景语言、工具型动机和管理策略方面存在显著差异,$p<0.05$,但是方差齐性检验结果显示各组方差不齐,因此在事后差异检验中,我们读取 Games-Howell 的检验结果,而非 Bonferroni 的检验结果。单因素组间方差分析事后差异检验 Games-Howell 结果显示,在背景语言方面 A 组和 B 组学生所感受到的心理语言距离明显小于其他少数民族 C 组,A 组与 C 组均值差为 $MD = 0.68$,$p =0.002$;B 组与 C 组之间 $MD = 0.50$,$p =0.040$;A 组与 B 组之间没有显著性差异。这说明在他们学习

的过程中,与 B 组在学习英语 L3 时,心理语言距离更近,更容易发生语言的正迁移。在工具型动机方面,C 组少数民族学生的工具型动机明显高于 A 组学生,均值差为 MD = 0.43, p =0.018;但与 C 组没有显著差异。由于工具型动机的 4 个测度项均为反向题目,均值越低说明动机指向越积极,因此我们得知 A 组与 B 组的被试英语学习的动机指向更积极。在管理策略方面,虽然单因素组间方差分析推断统计结果显示存在组间明显差异(p =0.009 <0.05),但是在事后差异检验结果并未显示明显差异,因此单因素组间方差分析结果没有在上表中列出。

总体而言,作为少数民族构成主体的 A 组和 B 组学生之间各项均值差没有表现出显著性差异,而显著性差异主要出现在 A、B 两组被试与 C 组被试之间。

三、学习者可控因素之教育背景差异

虽然三语习得所受到的主要影响因素大致来于情感因素、背景语言因素、学习者策略因素几个方面,但是由于不同类型的学生的基础教育模式不同,我们需要考察他们所受到的影响因素的影响是否也存在显著差异。下面对不同类型的被试所受到的几组影响因素做差异性分析,见表 5-8:

表 5-8 不同教育背景学生之可控因素差异

	民考民 (n=123)		双语生 (n=289)		民考汉 (n=201)		F (2,610)	Post Hoc (Games-Howell)
	M	SD	M	SD	M	SD		
文化认同	3.26	0.78	3.40	0.73	3.62	0.67	10.67*	民考汉>民考民 民考汉>双语生
背景语言	3.67	0.81	4.06	0.78	3.88	0.83	10.24*	双语生>民考民 双语生>民考汉

续表

	民考民		双语生		民考汉		
工具型动机	2.82	0.92	2.71	0.84	2.55	0.99	3.79*	民考民 > 民考汉

*$p <0.05$

单因素组间方差分析结果显示,民考民、双语生和民考汉三组被试之间在文化认同、背景语言和工具型动机方面表现出显著差异,$F(2,610)=10.67, p=0.000; F(2,610)=10.24, p=0.000; F(2,610)=3.79, p=0.023$;在融合型动机、学习策略和管理策略方面虽然有差异,但是p值均大于0.05,差异不具有统计学意义。

单因素组间方差分析事后差异检验结果显示,在文化认同因素方面,民考汉的学生和民考民、双语生两组之间存在显著差异,均值差分别为$MD = 0.36, p =0.000$和$MD = 0.002$;民考民和双语生之间不存在差异。这一结果可能与民考汉学生从小与汉族学生同校,接受无差异的教育模式有关。

在背景语言因素方面,双语生与民考民、民考汉之间存在显著差异,均值差分别为$MD = 0.38, p =0.000$和$MD = 0.18, p =0.046$;民考民与民考汉的均值差之间不存在显著差异。

在工具型动机方面,民考汉学生的工具型动机显著低于民考民学生,均值差存在显著差异(均值差为$MD = 0.27, p =0.032$),与双语生之间不存在显著差异,民考民与双语生均值差之间也不存在显著差异。这一结果说明,民考汉学生学习英语相对主动,态度更积极;而民考民与双语生学习英语相对被动,态度相对消极。

在融合型动机方面,学习策略和管理策略方面三组之间的均值差均不存在显著性差异,因此单因素组间方差分析结果没有在表5-8中列出。

四、基于L3水平差异的学习者可控因素分析

从对L3水平的数据分析来看,被试水平两极分化严重,四级以上水平与四级以下水平之间的分隔很大,因此本研究参考文秋芳(1995)对英语成功者与不成功者的分类,对被试的L3水平进行了再分类,将

四级水平以上的被试设定为英语"高水平"组,四级以下水平的被试设定为"低水平"组。下文通过独立样本t检验分析英语"高水平"者与"低水平"者受学习者可控因素影响是否存在差异。见表5-9:

表5-9 L3"高水平"者与"低水平"者可控因素差异

	低水平者		高水平者		MD	t(df)	差分得95%置信区间	
	(n=520)		(n=93)				下限	上限
	M	SD	M	SD				
工具型动机	2.72	0.92	2.43	0.86	0.29	2.84*(611)	0.090	0.493
学习策略	2.68	0.77	3.13	0.78	-0.44	-5.10*(611)	-0.620	-0.275

*p<0.05

独立样本t检验结果显示英语"高水平"者与"低水平"者在学习策略方面有显著性差异($p=0.000$, $d=0.580$),在工具型动机方面具有显著性差异($p=0.005$, $d=0.325$),在文化认同、背景语言、融合型动机和管理策略方面均不存在显著性差异。由于英语学习"高水平"者与"低水平"者在学习策略、工具型动机方面表现出显著差异,下文进一步分析两组被试具体在哪几个影响因素方面存在显著性差异,见表5-10:

表5-10 L3"高水平"者与"低水平"者工具型动机差异

	低水平		高水平		MD	t(df)	差分得95%置信区间	
	(n=520)		(n=93)				下限	上限
	M	SD	M	SD				
工具型1被迫学习	2.16	1.249	1.83	1.070	0.33	2.43*(611)	0.065	0.606
工具型3为找工作	3.73	1.161	3.45	1.229	0.28	2.14*(611)	0.024	0.542
工具型4为过级	2.58	1.330	2.23	1.278	0.35	2.41*(611)	0.066	0.651

*$p<0.05$

第五章　三语习得可控性影响因素分析

表 5-10 工具型动机 t 检验结果显示，两组被试在工具型动机 1 "我学习英语是因为被逼无奈"、工具型动机 3 "我学习英语是因为以后想找一份好点的工作"和工具型动机 4 "我学习英语只是因为过级考试的要求"表现出显著性差异（t=2.43, $p < 0.05$, d =0.283；t=2.14, $p < 0.05$, d =0.234；t=2.41, $p < 0.05$, d =0.268）。两组被试在工具型动机 2 "我学习英语是因为大家都在学"上没有显著性差异。表 5-10 数据分析结果说明，英语"低水平"者比"高水平"者更倾向于被动学习，并且两组的差异是显著的；"低水平"者学习英语的目的更多是为了将来能找份好点的工作或为了通过国家公共英语等级考试。

依据 Gardner（1985）的动机分类，动机可分为工具型动机与融合型动机两种，如果工具型动机不利于目的语学习，我们则考虑强化学习者的融合型动机。因此，下文分析"高水平者"与"低水平者"在融合型动机方面是否存在差异。融合型动机独立样本 t 检验结果显示，两组被试在融合型动机 4 "我学习英语是因为我对英语和英语文化感兴趣"存在显著性差异（t=-2.30, $p < 0.05$, d =0.248），融合型动机 1、2、3 并不存在显著性差异。见表 5-11：

表 5-11　L3 "高水平者"与"低水平者"融合型动机差异

	低水平		高水平		MD	t（df）	差分得 95% 置信区间	
	（n=520）		（n=93）				下限	上限
	M	SD	M	SD				
兴趣	3.70	1.085	3.95	0.92	-0.24	-2.30* （141.34）	-0.458	-0.035

* $p < 0.05$

可见，两组被试在动机方面最主要的差别在于"兴趣"，兴趣是最稳定长久的驱动力，这也意味着兴趣是 4 个融合型动机中是具有最强影响力的因素。对于高校少数民族三语生而言，培养兴趣是提高英语学习水平的关键点之一。见表 5-12：

表 5-12　L3"高水平"者与"低水平"者学习策略差异

	低水平 (n=520)		高水平 (n=93)		MD	t (df)	差分得 95% 置信区间	
							下限	上限
	M	SD	M	SD				
策略 2	2.42	1.14	2.96	1.16	−0.53	−4.14*(611)	−0.790	−0.282
策略 3	2.44	1.15	3.00	1.16	−0.55	−4.29*(611)	−0.813	−0.302
策略 4	1.95	0.96	2.46	1.23	−0.51	−3.81*(112.9)	−0.778	−0.246

$p<0.05$

学习策略 t 检验结果显示，英语"低水平"者和英语"高水平"者在学习策略 2"我经常课外与人用英文交流"、学习策略 3"我经常课外主动阅读英文报纸或书刊"和学习策略 4"我经常用英文写日记"上表现出显著性差异（t=−4.14, $p<0.05$, d=0.469; t=−4.29, $p<0.05$, d=0.484; t=−3.81, $p<0.05$, d=0.462）。两组被试在学习策略 1"我经常课外看英文电影"上没有表现出显著性差异。上表数据说明，英语"低水平"者和英语"高水平"者都对英文电影感兴趣，均值分别为 M=3.93 和 M=4.12；从均值来看，英语"高水平"者运用此策略频率更高，但是两组间的差异并没有统计学意义。对于其他的三种策略"课外主动与他人用英文交流""课外主动阅读英文文章"和"课外主动用英文写作"，英语"高水平"者明显比英语"低水平"者应用得更加频繁。

第五节　L3"低分"者与L3"高分"者的个案研究

本节将详细介绍 L3"低分"者（受访者 1）和 L3"高分"者（受访者 2）两个案例，旨在分析两者在情感因素、语言因素和学习者策略三个方面有何差异，以及造成这些差异的原因。首先对两位被试的个人信息进行介绍，之后将描述二者在可控性影响因素方面的不同，最后分析他们之

第五章　三语习得可控性影响因素分析

间所产生这些差异的原因。

一、受访者个人简要信息

受访者1,女,20岁。初中开始学习英语。现在大学二年级,MHK(少数民族汉考)考试267分,四级乙等。高考母语(L1)考试128分,国家通用语言(L2)考试124分,英语(L3)成绩72分。父亲大学本科毕业,教师,精通民族语和国家通用语言。母亲高中毕业,保险公司职工,精通民族语。家中主要使用的语言是民族语,偶尔使用国家通用语。父亲是双语者,母亲单语者,都没有学习过英语。

受访者2,女,20岁。初中开始学习英语。现在大学二年级,MHK(少数民族汉考)考试309分,四级甲等。高考母语(L1)考试103分,国家通用语言(L2)考试136分,英语(L3)成绩137分。父亲大学本科毕业,教师,精通本族语。母亲大学本科毕业,教师,精通民族语。家中主要使用的语言是民族语,偶尔使用国家通用语。父母亲都是单语者,都没有学习过英语。

两位受访者的相同之处在于,两人是同一民族的女生,从小都接受双语教育,是双语生,目前在同一个双语班。两人都喜欢英语,性格都比较安静、腼腆。两位受访者的不同点在于,受访者1 CET四级298分;受访者2 CET四级451分。二者在各组影响因素方面都存在差异。

研究者对两位受访者分两次进行了半结构式访谈。在第一次访谈资料整理之后,对发现的新问题,需要补充之处进行了二次访谈。在了解了访谈的目的之后,受访者1与受访者2都十分积极认真地接受了采访。但是对比受访者1与受访者2回答问题时的行为表现,发现受访者1明显比受访者2表现得更有信心,谈起语言学习来,思路更加清晰,思维更加活跃,并且很健谈。从二人接受访谈的反应来看,受访者2对英语学习更富热情,积累了更多的经验。下文对两位受访者在情感因素、语言因素和学习者策略因素方面做比较。

二、情感因素

受访者1与受访者2对英语都表示感兴趣。但是受访者1认为她虽然喜欢英语,但是与班上通过了四级的同学相比,她的付出远远不够,她说:"他们(班上通过了四级的同学)特别喜欢英语,特别爱学,投入得多,阅读量和词汇量都比我多。我也很喜欢,但是在这个过程中的付出不一样。"

她之所以喜欢英语是源于幼年时期被目的语文化的一些表现形式所吸引,她说:"我从小喜欢芭比(娃娃),就看她们的漫画呀之类的,也一直喜欢英文歌曲和英文原版电影。"

受访者1有明确的混合型学习动机,她学习英语是想毕业后能够出国,她知道出国先要考雅思。通过雅思考试,然后出国,这是她一直学习英语的动力。

受访者2对英语是完全发自内心的喜欢,表现出浓厚的兴趣。在强烈兴趣的驱动下,她自动去通过各种可能的渠道去获取各种形式的英语学习资源。她说:

"我本身对英语的兴趣还是非常强烈的,我比较喜欢听那种英文歌,然后会写歌词,当时有个歌词本,然后搬家的时候丢了没找到,然后自己也回去唱英语歌,因为我觉得好多时候你在上课的时候听到的那个发音跟歌词里的还有美剧电影里的,不太一样,就感觉可能你日常用的那个口语太生硬了。我比较喜欢读那种纯英文的读物,刚开始我就是闲着没事干,然后买了第1本英文读物,是那个伊索寓言的全英文版。

"上大学以后,平时有些时候就看看那种英语推文。哦,我还有一个特别特别喜欢的一个人的频道,就是在哔哩哔哩(Bilibili)网站上有一个教英式口语的一个外教的视频,我就特别喜欢看那个,他每一次更新我都会去看,然后还是会在百词斩上背单词,但有些时候可能会因为作业太多忘了,但是每周应该会背上10~20个,这个数量和高中比起来要低很多"

从访谈看出,在浓厚的兴趣驱动下,受访者2主动通过各种渠道获取资源提高目的语听、说、读、写的能力。

与受访者2相比,她不仅喜欢听英文歌曲,还专门准备了英文歌词本,将歌词认真写下来,并且学唱。在听英文歌曲和看英文电影时,她能够意识到英语在语音层面的差异,这说明受访者2在语言学习的初期,不仅注意到了语言的表现形式而且还注意到语言的语义层面,逐渐培养了语感和元语言意识。

与受访者1不同的是受访者2对于自己学习英语的动机并不是非常清楚,学习的动力纯粹来自对目的语的探知欲,以及不断积累的成就

第五章　三语习得可控性影响因素分析

感。她说：

"我其实没有多大的动机，就是想搞懂一些事情，就会想去学……我不太喜欢为考试而去学某种东西。

"我也没有想过学习英语就是为了考试，或者为了出国，因为我觉得我出国的可能性不是很大，我就想做，我也不太清楚为什么。"

从对受访者 2 的访谈中可窥见，受访者 2 英语学习的主要动机类型为融合型动机。身边的"榜样"激发了她学习英语的兴趣和动力。她讲述了初中时期舍友对她的启发："我初中的时候，我们宿舍有个女生，她特别喜欢看那种外国的时尚杂志，就是也是全英文的那种。我有很大方面也是受了她的启发，她之前也看不懂，后来过了一个学期她基本上就能看懂了。我当时就很惊讶，然后和她一起去买了那个 *Crazy English*，就是英文的那个杂志，看了十几期，因为它里面有好多我喜欢的明星的资料呀，然后就也有一种冲着明星去买的那种。"

从她的陈述可以看出，同宿舍的女生是她的榜样，从她表述时的语气与神态可以看出，她对舍友能够阅读英文时尚杂志，并且从开始的"看不懂"到一个学期之后的能看懂非常羡慕。她的内心树立了"理想自我"，期望自己也能和舍友一样能够看全英文的时尚杂志。起初的"好奇心"和"羡慕之情"驱使她去尝试看英文杂志，之后"喜欢的明星资料"点燃了她的兴趣，引导她进一步在学习英语的道路上坚韧不拔地走下去。可见，个人的经历、环境以及身边的榜样都可以成为激发学习者学习兴趣的强大动力。

与受访者 1 相比，虽然两者都对英语文化感兴趣，并且在幼年时期或青少年时期都受到了启蒙，但是受访者 2 的兴趣触发因素更加多元化，兴趣也根植得更深。受访者 1 的动机为混合型动机，但趋向于工具型；受访者 2 的动机则为持久性更好的融合型动机。

受访者 2 在高一时上过半年的内高班，虽然只有半年时间，但是环境对她的影响很大，她感受到内地与边疆教学质量上的差距，这促使她迫切地想改变现状，实现"理想自我"。

"我在双语班，初中教的英语都特别简单。然后我的初中就相当于是汉语班的水平，就是学的那个《*Go for it*》那本书，就是人教版的那本书，学了三年，然后我考到了内高班，后来因为身体原因回来了，在内高班学了一个学期，当时是在山东的牟平一中。然后，他们那边英语教得特别严格，然后就是老师每天都给你一个英语周报，一周之内让你做完。它那个题,尤其是阅读题,它的类型有好多都是关于科技的,那种特别难的那种文章。刚开始做的时候就是完全看不懂,后来老师就教了一些方法。我觉得虽然只学了一个学期还是有一点用的,然后我们每天晚上都会抽出半个小时的时间来听当时的高考英语听力,我高一上了半年内高班,然后当时是每天晚上都会听那个英语听力,就是一篇听力听两天,第1天就是第1次听熟悉一下,然后再做做题,然后第2次就是就会给我们分析一遍。每天半个小时,然后我觉得我听力提高最快的阶段就是那个地方。"

从以上讲述可以看出,受访者2青少年时期的个人经历与环境对她影响很大,她不仅思想观念发生了变化,而且还学习到了具体的学习策略。

环境的改变使受访者2对自己的要求也提高了,当她回到原有的环境之后,内心产生了焦虑:"我回来之后在我们那边(喀什)上了双语班,我听说那里是有英语课的,但是我过去之后发现那个英语课讲的是新概念1的英语,他说要讲三年,然后我当时就'哇,我的天哪!',我就想着英语可能就应该不会有进步了!"

但是受访者2积极地应对了内心的焦虑,将焦虑转化为学习的动力,利用各种可能的渠道去获取学习资源,克服各种困难,坚持不懈地付出努力,最终积累了大量的词汇,总结出自己的学习经验。她说:"我当时回去以后,从高一的下学期到高二下学期,我用那个百词斩,每天都背单词,背10个,好像连续打卡了700多天。我有时候会忘掉(背),但是间断的天数不会超过三天,然后当时背单词的时候,就感觉有时候在折磨自己,因为我眼睛不太好,中午回去就会忍不住地去看其他的东西,我就想着反正都要看手机,还不如看点有用的,然后我就发现刚开始背的时候记不住,后来我就找了个本,从开始用百词斩的第50天左右,就把它写下来了,写下来之后发现有些东西,比如说,有的单词可能会有形容词的形式,然后突然就变成了名词形式,我就要记两次,我就觉得很麻烦,然后又开始把一个词的所有词性都找出来,然后也不规定每天背多少个,就能记多少就记多少,我觉得有点多了我就不学了,我觉得还少的话,就再学一学。"

三、语言因素

当问到受访者本民族语言与国家通用语以及英语之间的关系时,受访者 1 的回答停留于语言形式的表面,并且对语言形式的理解有误解。她说:"我觉得民族语和英语的语法比较像,然后我们说起(英语)来的话也不会那么别扭,可以听,也可以读,就是不知道是什么意思。"

从受访者 1 对三种语言形式的理解可以看出,受访者 1 的英语语法基础不扎实,误认为英语 L3 与其少数民族语言 L1 在语法上比较接近。但是她感觉说起英语来"不别扭",这说明她感受到了 L1 与 L3 两种语言之间的迁移,有一种心理上的亲近感,拉近了语言的心理距离。

受访者 1 相比,受访者 2 对三种语言之间的关系理解的更加深入与客观,能够从语言学不同层面去分析不同语言之间的差异。她发现其少数民族语言中有很多名词是从英语当中借来的,两种语言之间发生了语音层面的迁移,这对她的词汇学习有很大帮助,但是在语法层面 L1 与 L3 相去甚远;她认为 L2 与 L3 之间的距离大于 L1 与 L3 的距离。她说:"民族语有些名词,哦,不对,是有很多名词其实应该都是从英语那边吸收过来的,就在这方面,可能对于记单词来说还是比较好的。但是我就觉得,要说联系的话应该就仅仅在于有一些词的发音是相同的,因为我并不太觉得像语法方面有太多的联系,我反而觉得民族语和日语的联系挺大的似的,因为它有一些后缀的用法一样,虽然我只学过一点点日语。我感觉国家通用语和英语好像联系不是很大,至少我没找到特别大的共性。我觉得它们是不太一样的两个东西,就是这三种语言还是不太一样,但是英语和民族语更近一点,因为有些词和词差距不大。"

从以上分析可见,两位持民族语的受访者对英语 L3 的心理距离比较近,都注意到了语言迁移现象,并从中受益。

四、学习者策略

受访者 1 的英语学习可没有什么严格的计划性,但是每天会大约投入 1 个小时的时间学习英语。大多数情况下是跟着老师的授课节奏按部就班地完成任务。有时会使用手机上的 APP 小程序背背单词或依据老师的建议背背四级作文范文,但是并没有形成严格的计划,收效甚微。

"老师布置作业的时候,叫背单词的话我就背,其他的时间也没有专门抽出时间学习(英语)。"

"我没有专门去练听、说、读、写,以前光是背背单词。现在背作文,但是还没有看到明显的效果。"

受访者2的自律性比较强,英语学习比较具有计划性,在听、说、读、写方面都有自己的安排,并且能够较好地执行:"百词斩那个商店里面有那种按级来分的那个英语读物,我都是在他们家店里买的,然后买了五六本。读的频率也比较低,就是读《伊索寓言》的时候也是两天读一篇的那种。"

受访者1与受访者2都会使用手机上的APP去学习英语,但是受访者1的形式相对单一,词汇量明显小于受访者2,学习策略明显不如受访者2的丰富。

受访者1在记忆单词时比较多地使用自然拼读或死记硬背的方法,受访者2发现了单词构成的规律,采用了依据构词法分类记忆的方法。当被问到记忆单词的方法时,受访者1举例:

"比如说这个'appreciate',我先搜这个词,就看到相似的词,下面有翻译,然后我就看,看一遍不懂,就看两遍,两遍还不懂,就看三遍,然后就记住了。"

"我主要还是用软件,然后再拿本子记一记,因为光用软件的话,很容易忘,本子写一写的话会加深记忆。我会把类似的词放到一起,比如说interest,interesting还有它的各种形式放到一起,然后我还会在每一个单词下面抄一个他的造句(例句),然后造句(例句)跟那个词语一起背。然后还会分它的词根和后缀,还有一些前缀,像impossible,一般带有否定的也会把它们都积累下来。有些时候,做题的时候,如果不知道这个单词的意思,就可以直接选一个否定意思的,应该也能选对。"

显然,受访者1虽然也注意到相同词根的词可以放在一起记忆,但是记忆的方式主要通过视觉反复。受访者2的记忆方法比较多元,不仅同源词归类记忆,还注意积累词根、前缀、后缀,并且要动手书写,将单词放在语句当中去理解,记忆。这样不仅记住了单词,还学会了单词的用法。此外,在做题时,受访者2还采用依据单词的构成和语境来猜词义的策略。

在听力方面,受访者1与受访者2平时在课堂之外都没有专门抽出时间来训练听力,但都会喜欢听英文歌曲,看英文电影。然而,受访者1在听英文歌曲时仅仅是因为悦耳,没有任何的目的性。受访者2不仅欣赏,而且要用笔记下来歌词,并且学唱。受访者1在看英文电影时,会借助中文字幕理解剧情,目的在于享受剧情带来的情感体验;而受访者2虽然也会借助中文理解剧情,但是更注意去模仿电影人物的语言,学习语言的表达形式。受访者2说:"我比较喜欢看电影和美剧。很多人都说美剧其实作用不大,但我觉得还挺好的,就是有一种像'淋雨'的那种说法,可能有时候可能在做卷子的时候不会用到,但是你总有地方可以用到,就感觉,哎,这个东西我在那个美剧里听过,别人可能还不知道那是什么的感觉。"

从以上表述看出,受访者2不仅仅停留于英文电影剧情的享受,还吸收着语言知识,并且为这种收获带来的体验而欣喜和满足。在此过程中,她不仅满足了自己的兴趣需要,而且一部分视频语料输入转化为有效的可理解性输入,从而受访者2的听力和口语得到了提高。

在四级考试当中,受访者2使用了歧义容忍策略,依据语境推测词义或句意。

"我买了那个四级的题,但是我连封皮都没有打开过,就开始考试,因为我们那一群人都抱着就是看看题型的那个心态去考的,后来发现确实很难。英语听力我感觉就是谁谁谁,中间空白,然后去了什么什么地方,然后又听不懂,就是非常间断性的,然后我就猜它是什么意思。考完试我跟别人交流了一下,发现他们有些是完全都听不懂,我至少还能听懂一点点,我就觉得还行吧。"

可见,虽然没有完全听懂,但是受访者2能够识别听力材料中关键的信息,并将支离破碎的信息联系起来进行推测。

在口语方面,受访者1与受访者2都认为缺乏语言环境,因此平时练习都比较少。受访者1基于国家通用语言L2学习的经验,认为通过"说",能够有效提高英语学习的效率,她说:"我觉得需要一个环境,比如说自己一个人的话,每天背背背也没有什么效率。因为我们的母语是民族语嘛,然后学国家通用语的过程中,身边有很多汉族同学,和他们交流的过程中,学到的东西挺多的。如果我们只是读、写、听,不交流的话,记不住,你知道吗?即便是学了好几遍,还是记不住,如果自己去做的话,说出来,会学得更快一些。跟他们交流的过程中,还可以了解一些文化呀,爱好呀之类的,挺好的。"

受访者 2 也认为语言环境的缺乏限制了口语的练习。她说:"说方面没怎么做。唱歌的话应该也不算在说方面,因为说的话应该指跟人去交流,身边没有这样的人。就算有,可能也交流不起来。"

可见,受访者 1 与受访者 2 都认为语言环境限制了他们口语能力的发展,二者都没有采用更多的口语提高策略。

在阅读方面,受访者 1 与受访者 2 在阅读中都会采取一定的阅读策略,但是二者的阅读量不同,运用阅读策略的熟练程度也不同。受访者 1 的阅读仅限于课堂阅读或授课教师布置的作业,没有进行额外的课外阅读,在考试当中采取的阅读策略受到词汇量的限制无法有效发挥作用,阅读的整体效率也比较低。受访者 2 从初中开始就主动通过各种渠道获取阅读资源,在阅读过程中会依据不同的阅读目的采取不同的阅读策略。在平时阅读时,她边读边用笔标注生词,在读完了文章之后,将生词全部记录下来,然后查阅词义和用法;在阅读考试当中,她会采用歧义容忍策略,对于不认识的词直接跳过,或依据上下文和句法结构猜测句子的大概意思,最终达到理解篇章的目的。受访者 2 在平时的课外阅读中,通常依据自己的兴趣和水平选取阅读材料,她说:"我比较喜欢读那种纯英文的读物,刚开始我就是闲着没事干,然后买了第 1 本英文读物,是那个《伊索寓言》的全英文版,因为我其实比较想读那个《傲慢与偏见》,但是我发现我可能读了两页就会把那本书扔掉,因为不太想刚开始就从那么难的去入手,读那么长的。《伊索寓言》比较短,一篇故事,可能就五六行,而且好多的语法都特别简单,就是查一些单词,搞清他的意思就可以了。读完之后,我又觉得那个太简单了,我又开始读了《小王子》,《小王子》读完之后,又读了《小熊维尼》,因为百词斩他那个商店里面就有那种按级来分的那个英语读物,我都是在他们家店里买的,然后买了五六本。"

在写作方面,受访者 1 与受访者 2 都没有在课外做额外的工作。受访者 1 认为写作的难度太大,完全没有想过课外主动写作。但是受访者 2 在语言学习的初期尝试过写英文日记,但是由于没有人帮助批阅,怕形成顽固性错误,便放弃了。

总之,从以上访谈看出,受访者 1 与受访者 2 在各个方面有相同之处,也存在很大差异,这些差异在很大程度上可以解释为什么他们在四级考试中的成绩差异。

第六节 本章小结

文章对被试所受到的情感因素、背景语言因素、学习者策略因素的影响以及各组因素之间的关系进行了描述与分析,最后对 L3"高分"者与"低分"者的个案研究结果进行了分析。

总体描述性统计结果显示,613 名被试"背景语言"因素测度项的均值最高,而工具型动机的均值最低。工具型动机测度项为反向题目,因此其均值越低,说明其融合型动机越强,越有利于促进三语习得的生成。"实证研究表明,语言水平对迁移的性质和迁移的发生确实有很重要的影响,但因各种原因而使影响关系至今难以厘清"。"近年一些侧向迁移研究表明,学习者的二语水平对学习者学习三语也会产生影响"。(文秋芳,2010)本研究背景语言因素调查结果显示,被试的心理语言距离明显对目的语学习有帮助,这一结果为心理语言距离和语言正迁移与语言水平存在密切关系提供了实证依据。

在文化认同影响因素中,被试对目的语歌曲和建筑风格等艺术类的形式最为认可。这一结果说明文化认同对三语习得的影响更多的是从对艺术的兴趣方面表现出来,也从实证层面为国内许多以英文歌曲作为手段来激发学生学习兴趣的研究提供了佐证(张小红,1998;王红,2001;王慧、黄莎、黎明,2008;邵玲,2005;郑双涛,2010;杜颖,2014;杜颖,2018),也为本研究三语习得有效路径以情感因素为驱动的理念提供了科学依据。

学习者策略研究结果显示高校少数民族三语生的学习策略对 L3 水平影响强度最大;其次是管理策略,调查结果说明被试对学习策略的应用不够,倾向于选择自己喜欢的轻松、愉快的方式来学习。他们英语学习的计划性不足,这会使学习的延续性较差,持久性差,从而影响语言学习的效果。

学习者可控性影响因素相关性分析结果显示三个方面/六组因素具有高度相关关系。这说明三语习得的影响因素形成一个相互关联的有机的动态系统,它们协同作用于三语习得的结果,这证明了动态系统理论(DST)在三语习得领域应用的正确性。

被试的 L3 水平受到不同因素的影响,但是各组因素的关系强度不同,通过二列相关分析得知"学习策略"的关系强度显著高于其他影响因素。几组可控性影响因素的关系强度排序为:学习策略 > 管理策略 > 融合型动机/工具型动机 > 文化认同 > 背景语言。国内对三语习得影响因素的研究大都停留在对单个影响因素变量的研究上,可控性影响因素变量组合对语言习得过程以及变量组合内部关系方面的研究尚未有人涉及,本研究对组合了可控性因素变量,并对变量组合内部关系及其对三语(L3)水平的影响关系强度做了研究,回答了诸多影响因素的作用孰重孰轻的问题。

Logistic 回归分析预测结果显示,工具型动机与学习策略对 L3 水平从"低水平"向"高水平"转化具有显著的预测作用。因此,在基本路径上强化六组可控性影响因素,尤其是强化学习策略因素,调节工具型动机因素会带来更好的三语习得结果。本研究利用数学建模的方式分析语言水平从低水平向高水平转化的预测因素,在方法上为相关领域的研究提供了借鉴。

英语"高水平"者和"低水平"者之间在学习策略的运用方面存在显著性差异,在工具型动机方面存在显著性差异,融合型动机中"对英语与其文化感兴趣"的测度项均值存在显著差异,这一结果与前文中 Logistic 回归分析的结果——"学习策略"与"工具型动机"是学习者 L3 水平从"低水平"向"高水平"转化的预测性因素这一结果吻合。这为下一章以"情感因素"为驱动来构建三语习得有效路径假设模型提供了依据。

质性研究是对量化研究的补充,统计数据分析可以反映事物发展普遍的趋势,但质性研究数据可以体现事物发展的个性特征,本研究中质性研究数据分析结果与量化研究数据分析结果相吻合。

在英语(L3)"低分"者与"高分"者的个案研究中,"高分"者对 L3 的兴趣更浓厚、融合型动机更强,学习策略更丰富,语言学习的经验和认识能力较强,自我管理监督更好。研究分析结果表明,L3"高水平"者与"低水平"者在三语习得可控性影响因素变量组合上表现出明显差异,这一结果与前期的量化研究结果一致。

综上所述,本章采用社会统计学软件 SPSS19.0 对调查数据进行了

第五章 三语习得可控性影响因素分析

多变量分析。研究结果证明,三语习得的六组可控性影响因素变量之间以及各影响因素变量与三语习得路径之间存在着不同程度的相关关系,某一个影响因素的变化势必会引起整个影响因素系统以及三语习得结果的变化。因此,三语习得的过程是语言学习者的心理认知过程与外界不断互动的过程。本章的差异性分析结果表明,在普遍的规律下存在着一定的特殊性。因此,三语习得普遍规律的应用需要与三语习得主体的特殊性相结合才能最大限度地发挥作用。

本章虽然证明了三语习得过程处于一个动态的系统之中,各影响因素之间以及它们与三语习得路径之间存在着相互作用的动态关联,但是尚未揭示各组影响因素之间相互作用的因果路径关系,也还未解决各组影响因素对三语习得路径的作用强度问题。为回答以上问题,下一章将使用结构方程模型分析软件 AMOS22.0 厘清各组可控性影响因素变量之间的作用路径关系,分析作用效应强度,最后构建动态系统中的三语习得有效路径模型。

第六章　三语习得有效路径的构建与验证

本章基于二语习得与三语习得的相关理论,以及本研究三语习得影响因素与可控性影响因素的研究结果和个案研究结果,利用结构方程模型分析软件 AMOS22.0 构建了三语习得有效路径模型,并对之进行了验证。下文首先阐述三语习得有效路径构建的理据,之后在可控性影响因素研究结果的基础上,构建结构方程模型,厘清可控性影响因素变量间的因果路径关系,最后构建三语习得有效路径并进行教学实验验证。

第一节　三语习得有效路径构建的理论依据

三语习得领域的许多理论在二语习得理论基础上发展而来,二语习得与三语习得的研究有不可分割的渊源。本研究借鉴二语习得模型理论、动态系统理论以及神经语言学和心理语言学的相关研究成果,为下文三语习得有效路径模型的构建奠定理论基础。

一、二语习得模式理论

"语言输入""语言加工""语言输出"这三个最基本的环节构成了语言习得的线性路径,即"语言输入—语言加工—语言输出"。无论是第二语言 L2 的习得还是第三语言 L3 的习得,都必须经历这一过程。但是,三语习得不等同于二语习得,二者最大的差异在于语言加工机制。由于三语习得的背景语言(语言学习者既得语言体系)比二语多,语言迁移发生在多语之间,语言加工的过程也更为复杂,这一点被认为

第六章 三语习得有效路径的构建与验证

是二语习得与三语习得影响因素中最重要的区别(Hufeisen,1998)。三语习得有效路径是在二语习得的基本路径之上建立起来的,因此二语习得基本路径的一系列理论的提出也成为三语习得有效路径建立的重要依据。

二语习得一系列的模式理论为三语习得有效路径提供了基本路径。Krashen(1982)最早提出的"监控模式"将语言的路径推入了语言学家们的视野,他强调二语习得过程中输入环节对语言生成的重要性;Swain(1995)对该理论产生怀疑,提出了强调输出环节的"二语习得输出假设"。虽然二者强调的重点不同,但是他们都关注语言生成的过程性环节,忽视了来自语言习得路径之外的社会因素。Stern(1983)提出的"综合模式"、Gardner(1985)的"社会教育模式"和Spolsky(1989)提出的"通用模式"则将目光更多地聚焦于社会环境因素对语言习得结果带来的影响;Ellis(1994)提出的二语习得解释框架将更多的笔墨聚于语言生成机制;Long(1996)的互动假说、Gass and Selinker(2008)的二语习得一体化模式则比前人研究者更强调语言习得路径与外界因素的互动。

二语习得各种模式的提出都强调语言生成的过程性环节和影响因素。过程性环节大同小异,或长或短,但终究都是描绘从语言输入到语言输出的过程;对影响因素的探讨与分类也都存在共同的核心交集。三语习得研究领域鲜有学者涉及语言习得路径的研究,虽然也有反映影响因素与三语习得结果之间关系的模型提出,但是缺乏对影响因素作用强度和作用路径的分析,本研究借鉴二语习得模式理论中的语言习得路径概念,结合三语习得的特点,研究基于可控性影响因素的三语习得有效路径模型,深化三语习得领域的研究。

二、动态系统理论

动态系统理论DST(Dynamic Systems Theory)的萌芽最早见于生物学(如,Uexkuell,1973;Waddington,1977),后来广泛地应用到计算机网络、神经科学、数学、物理学等研究领域。它强调系统中所有变量完全相互关联(complete interconnectedness of the components),相互影响。整个系统对初始条件十分敏感,哪怕其中一个变量发生细微的变化,随着时间的推移也会引发整个系统的变化,产生"蝴蝶效应"。

变量之间的关系复杂多变,具有非线性的特点(de Bot,2008;de Bot,Lowie,& Verspoor,2007)。动态系统理论一经提出,很快在各个领域广泛应用。20世纪末,语言习得的研究者们意识到,人类的语言习得的过程是一个复杂的认知过程,其间受到各种复杂因素的影响,这些庞杂的因素不是孤立存在的,与动态系统理论的特征相符(如,Robin & Mervis,1998)。20世纪末期,Larsen-Freeman(1997)将动态系统理论正式引入二语习得研究领域,目前已成为应用语言学领域中的热点理论。

与二语习得相比,三语习得的因素更加复杂,它们协同作用于语言习得路径,影响语言输出的结果。动态系统理论为本研究三语习得有效路径的构建提供了重要理论支撑。语言习得都要经历从输入到加工再到输出的过程性环节,在语言习得的过程中各种因素会作用于这些环节。但是由于学习者的不同,语言学习的过程所受到影响因素的作用大小不同,语言输出的结果也必然是千差万别的。各种因素之间不是孤立地存在并起作用,而是学习者整个语言习得系统的有机部分,它们相互关联,交互作用,协同作用于语言习得路径和三语言习得的结果。本研究提出并验证了动态系统理论不仅适用于二语习得理论的研究,也同样适用于三语习得理论的研究。

三、神经语言学与心理语言学基础

情感因素对语言的输入与加工有促进或抑制作用。除了二语习得模式理论和动态系统理论之外,三语习得有效路径的建构还具有神经语言学和心理语言学的基础。语言加工机制一直被认为是"黑箱"中的心理认知过程(Ellis,1994),无法通过可视化手段直接观察,在过去的研究中涉及不多。从Krashen的监控模式到Gass的一体化模式都重点讨论输入和输出的过程性环节,对语言加工的内部机制都只是进行了初步假设和简单的讨论。随着语言学跨学科领域研究的发展,核磁共振成像技术在语言学研究中的应用使"黑箱"中语言加工的过程研究也取得突破性的进展。神经语言学与心理语言学研究发现学习者的情绪与认知存在密切关系。大脑接收到语言信息后,并不是立即进行语言加工,而是先进入大脑中处理情绪的"杏仁体",由杏仁体过滤分类之后才到达大脑皮层进行理性加工处理。杏仁体是大脑基底核的一部分,是神经元聚集组织,具有激发人的消极和积极情绪的功能(来源:百度百科),所以也被称为"情绪脑"。杏仁体成为外界输入的信息与认知加工之间的中转站,对信息具有过滤作用,信息被鉴别为"有利"或"有害"信息,之后被传送到大脑额前叶皮质进行认知加工处理,"有利"信息加工的效果更好。因此可以说情绪对语言信息的加工和输出的效果是有促进或抑制作用的,也有学者认为成功学习完全由情感驱动。Van den Noort 的研究表明通过功能和磁共振成像技术发现,双语者和单语者之间在大脑神经结构上存在显著差异,脑部神经结构的改变是二语习得带来的生理性变化的非语言结果。这为情感因素在语言习得中的重要作用提供了生物学与心理学的依据(岳金星,史光孝,2013)。

第二节 三语习得有效路径结构模型的构建与修正

按照语言习得生成机制,语言习得的基本路径包括"语言输入""语言加工"和"语言输出"三个环节,纵使后来有学者增加了互动、反馈等环节,那也是语言初次输出之后的强化和再巩固环节,可视为继发的一轮语言输入、加工和输出过程。在语言习得过程中,语言输入是最容易掌控,同时也是最容易受到影响的环节,语言加工机制被 Ellis(2008)称为是"黑箱",是语言生成的复杂的内隐机制,这一环节虽然不能直观地被感受或观察到,但是背景语言在这一环节起十分重要的作用,本研究 L3"低分"者与 L3"高分"者的个案研究结果显示,学习者的心理语言距离和语言迁移意识对多语之间的迁移有重要影响。因此,背景语言因素对语言的加工环节有重要影响。本研究坚持用动态的、系统的、全面的、整体的、发展的观点来研究语言习得过程,有别于以往研究中将所有影响因素的作用点全部指向语言输出环节。本研究将"语言输入—语言加工—语言输出"这一线性的语言习得路径视作一个整体的观察因变量,即结果变量,影响因素成为被测量的自变量。通过在基本路径之上附加强化了正面影响作用的可控性影响因素,我们期望加快三语习得这一过程,并使输出结果更加理想。

基于社会统计学软件SPSS19.0对问卷调查数据的分析结果以及访谈和个案研究的结果,本研究利用结构方程模型分析软件AMOS对三语习得有效路径模型进行构建。结构方程模型属于路径分析,用于检验解释型的理论构想与数据是否拟合。在建模之前,本研究首先需要构建测量模型,并检验测量模型与数据的拟合度,即做验证性因子CFA分析（Confirmatory Factor Analysis）。测量模型包括六个潜变量模型：文化认同（Culture）、背景语言（Language）、融合型动机（Motivation 1）、工具型动机（Motivation 2）、学习策略（SStrategy）、管理策略（MStrategy）。如果测量模型达到要求,则构建"背景语言→文化认同"结构模型、"文化认同→学习动机→学习者策略"结构模型和"背景语言→学习动机→学习者策略"结构模型,考察几组潜变量之间因果路径的关系。最后,基于三语习得构建的理论依据、可控性影响因素研究的结果以及以上几个基本的结构模型,提出三语习得有效路径模型,并在教学实验中进行效果验证。

一、基于可控性影响因素的测量模型

本研究使用的调查问卷包括情感因素、背景语言因素和学习者策略因素三个维度,其中情感因素包括文化认同和学习动机。学习动机因素分为融合型动机和工具型动机;学习者策略因素包括了学习策略和管理策略;背景语言因素部分依据心理语言距离理论和语言迁移意识编制;学习者策略部分依据文秋芳（1995）对策略的分类,参考O'Malley & Chamot（1990）的学习者策略问卷进行改编。问卷通过EFA（Exploratory Factor Analysis）探索性因子分析,问卷KMO值=0.836,Cronbaha's Alpha值=0.75,信度、效度良好。但由于结构方程模型是多因素分析与路径分析的综合统计方法,需要检验模型中的观测变量、潜变量与误差项之间的关系,计算自变量对因变量的直接效应、间接效应以及总效应,从而得出自变量与因变量之间的因果路径关系。因此研究首先需要建立测量模型,对各组潜变量进行CFA（Confirmatory Factor Analysis）验证性因子分析,以保证数据与结构方程模型较好的拟合度。本研究中涉及的潜变量与观测变量如表6-1所示：

第六章 三语习得有效路径的构建与验证

表 6-1 潜在变量与观测变量列表

潜在变量	观测变量	变量名称
文化认同	饮食	q1
	风俗	q2
	节日	q3
	建筑艺术	q4
	音乐	q5
背景语言	L2→L3 影响	q6
	L1→L3 影响	q7
	迁移意识	q8
融合型动机	仰慕	q9
	提高素质	q10
	交际	q11
工具型动机	兴趣	q12
	被迫	q13
	从众	q14
	找工作	q15
	考试	q16
学习策略	电影	q17
	交流	q18
	阅读	q19
	写作	q20
管理策略	制订计划	q21
	调节情绪	q22
	调整计划	q23
	反思	q24
	经验总结	q25

（一）"文化认同"测量模型

研究假设 5 个观测变量 q1→q5（数据从维度中提取，下文相同）

构成了潜变量"文化认同"概念,"文化认同"测量模型如图6-1:

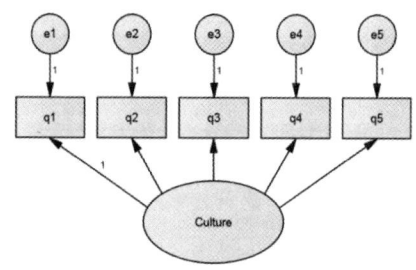

图 6-1 "文化认同"测量模型

通过初步拟合检验、复核检验以及模型修正,最终得出"文化认同"测量模型标准化系数,如图6-2所示:

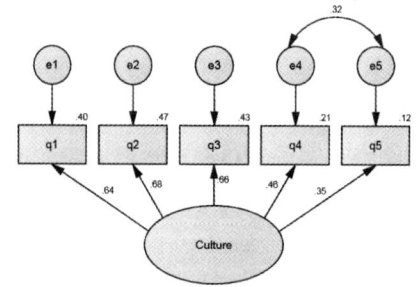

图 6-2 "文化认同"测量模型标准化系数

经过修正,"文化认同"测量模型的拟合指标如表6-2所示:

表 6-2 "文化认同"测量模型拟合度指标

指标名称	CMIN/DF	p	GFI	AGFI	CFI	RMR	RMSEA
参考范围	≤ 5	0.05	≥ 0.90	≥ 0.90	≥ 0.90	≤ 0.10	≤ 0.08
复核检验	4.196	0.002	0.986	0.958	0.977	0.035	0.072

上表检验结果显示,除了因为样本量较大,p值小于0.05之外,卡方值与自由度之比(CMIN/DF)、拟合优度指数(GFI)、矫正拟合优度指数(AGFI)、比较拟合指数(CFI)、残差均方和平方根(RMR)以及渐进残差均方和平方根(RMSEA)等拟合指标均达到参考范围。

"文化认同"测量模型中各观测变量项的标准化回归系数均达到显著水平($p>0.05$),见表6-3:

表6-3 "文化认同"测量模型系数及显著性检验

Regression Weights:(Group number 1 – Default model)

			Estimate	S.E.	C.R.	P
q1	<—	Culture	1.000			
q2	<—	Culture	1.150	.104	11.022	***
q3	<—	Culture	1.071	.098	10.927	***
q4	<—	Culture	.573	.067	8.605	***
q5	<—	Culture	.391	.058	6.762	***

Standardized Regression Weights:(Group number 1 – Default model)

			Estimate
q1	<—	Culture	.635
q2	<—	Culture	.684
q3	<—	Culture	.658
q4	<—	Culture	.456
q5	<—	Culture	.345

以上研究结果说明"文化认同"这个潜在变量得到了数据支持,假设理论模型与数据吻合较好,测量模型与5个题项呼应较好,结构稳定、可靠。

(二)"背景语言"测量模型

研究假设3个观测变量q6、q7、q8构成了潜变量"背景语言"概念,"背景语言"测量模型如图6-3:

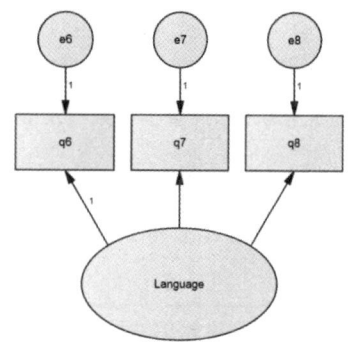

图 6-3 "背景语言"测量模型

通过初步拟合检验与复核检验及修正,最终"背景语言"测量模型标准化系数如图 6-4 所示:

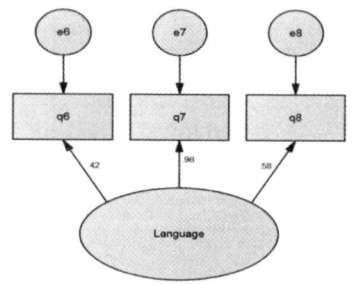

图 6-4 "背景语言"测量模型标准化系数

图 6-4 中 GFI 值达到上限值 1,"背景语言"测量模型为一个饱和模型,即模型与拟合度之间的拟合度达到饱和,饱和模型的卡方值与自由度均为 0,所以 p 值、AGFI 值、CFI 值、RMSEA 值以及 RMR 值均无法计算。饱和模型与数据之间的拟合度达到最佳,无需再进行拟合检验(吴明隆,2009;许宏晨,2019)。

"背景语言"测量模型中各观测变量项的标准化回归系数均达到显著水平($p>0.05$),见表 6-4:

表 6-4 "背景语言"测量模型系数及显著性检验

Regression Weights：(Group number 1 – Default model)

			Estimate	S.E.	C.R.	P
q6	<—	Language	1.000			
q7	<—	Language	1.997	.306	6.533	***
q8	<—	Language	1.121	.120	9.355	***

Standardized Regression Weights：(Group number 1 – Default model)

			Estimate
q6	<—	Language	.417
q7	<—	Language	.982
q8	<—	Language	.578

以上研究结果说明"背景语言"这个潜在变量得到了数据支持，假设理论模型与数据吻合较好，测量模型与3个题项呼应较好，结构稳定、可靠。

（三）"融合型动机"测量模型

"融合型动机"测量模型由5个观测变量q9、q10、q11、q12构成了潜变量"融合型动机"概念，"融合型动机"测量模型如图6-5。

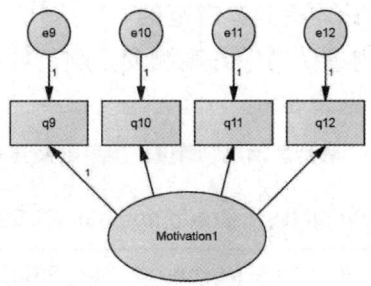

图 6-5 "融合型动机"测量模型

经过初步拟合检验与复核检验及修正，"融合型动机"测量模型标准化系数如图6-6所示：

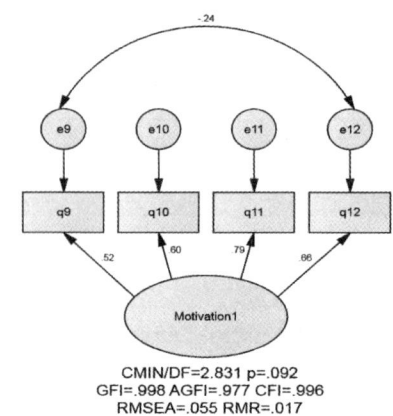

图 6-6 "融合型动机"测量模型标准化系数

经过修正,"融合型动机"测量模型的拟合指标如表 6-5 所示:

表 6-5 "融合型动机"测量模型拟合度指标

指标名称	CMIN/DF	p	GFI	AGFI	CFI	RMR	RMSEA
参考范围	≤ 5	0.05	≥ 0.90	≥ 0.90	≥ 0.90	≤ 0.10	≤ 0.08
复核检验	2.831	0.092	0.998	0.977	0.996	0.017	0.055

从表 6-5 可见,经过修正的模型拟合指标均达到理想状态,除了因为样本量较大,p 值小于 0.05 之外,卡方值与自由度之比(CMIN/DF)、拟合优度指数(GFI)、矫正拟合优度指数(AGFI)、比较拟合指数(CFI)、残差均方和平方根(RMR)以及渐进残差均方和平方根(RMSEA)等拟合指标均达到参考范围。

"融合型动机"测量模型中各观测变量项的标准化回归系数均达到显著水平($p>0.05$),见表 6-6:

表 6-6 "融合型动机"测量模型系数及显著性检验

Regression Weights:(Group number 1 – Default model)

			Estimate	S.E.	C.R.	P
q9	<—	Motivation1	1.000			
q10	<—	Motivation1	.925	.098	9.442	***
q11	<—	Motivation1	1.407	.144	9.743	***
q12	<—	Motivation1	1.146	.122	9.373	***

第六章 三语习得有效路径的构建与验证

Standardized Regression Weights：(Group number 1 – Default model)

			Estimate
q9	<—	Motivation1	.523
q10	<—	Motivation1	.595
q11	<—	Motivation1	.791
q12	<—	Motivation1	.665

以上数据说明"融合型动机"这个潜在变量得到了数据支持，假设理论模型与数据吻合较好，测量模型与4个题项呼应较好，结构稳定、可靠。

（四）"工具型动机"测量模型

研究假设q13、q14、q15、q16个观测变量构成潜变量"工具型动机"概念，"工具型动机"测量模型如图6-7：

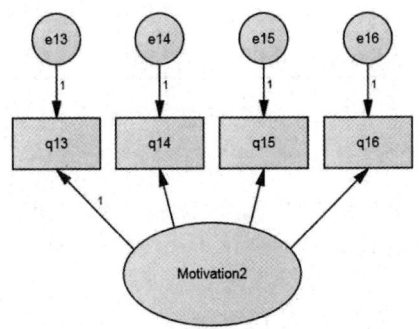

图6-7 "工具型动机"测量模型

经过初步拟合检验与复核检验及修正，"工具型动机"测量模型标准化系数如下，见图6-8：

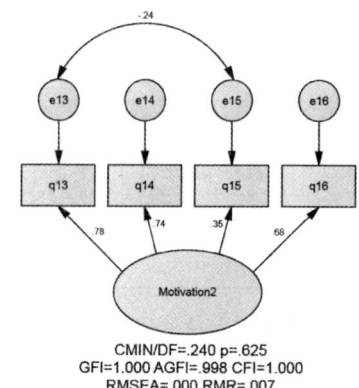

图 6-8 "工具型动机"测量模型标准化系数

经过修正,"工具型动机"测量模型的拟合指标如表 6-7 所示:

表 6-7 "工具型动机"测量模型拟合度指标

指标名称	CMIN/DF	p	GFI	AGFI	CFI	RMR	RMSEA
参考范围	≤ 5	0.05	≥ 0.90	≥ 0.90	≥ 0.90	≤ 0.10	≤ 0.08
复核检验	0.249	0.625	1.000	0.998	1.000	0.007	0.000

从表 6-7 可见,经过修正的模型拟合指标均达到非常理想的状态,七项拟合指标均达到参考范围,并且卡方值与自由度之比(CMIN/DF)接近 0,拟合优度指数(GFI)和比较拟合指数(CFI)都达到 1,渐进残差均方和平方根(RMSEA)达到 0,这说明"工具型动机"测量模型与数据拟合度非常好。

"工具型动机"测量模型中各观测变量项的标准化回归系数均达到显著水平($p>0.05$),见表 6-8:

表 6-8 "工具型动机"测量模型系数及显著性检验

Regression Weights:(Group number 1 – Default model)

			Estimate	S.E.	C.R.	P
q13	<—	Motivation2	1.000			
q14	<—	Motivation2	.997	.071	13.981	***
q15	<—	Motivation2	.431	.063	6.807	***
q16	<—	Motivation2	.950	.070	13.654	***

第六章 三语习得有效路径的构建与验证

Standardized Regression Weights：(Group number 1 – Default model)

			Estimate
q13	<—	Motivation2	.776
q14	<—	Motivation2	.736
q15	<—	Motivation2	.350
q16	<—	Motivation2	.682

以上数据说明"工具型动机"这个潜在变量得到了数据支持，假设理论模型与数据吻合较好，测量模型与4个题项呼应较好，结构稳定、可靠。

(五)"学习策略"测量模型

研究假设"学习策略"测量模型由4个观测变量q17、q18、q19、q20构成了潜变量"学习策略"概念，"学习策略"测量模型如图6-9：

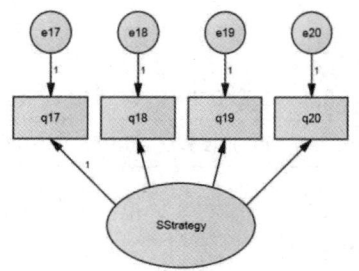

图6-9 "学习策略"测量模型

通过初步拟合检验与复核检验及修正，"学习策略"测量模型标准化系数如图6-10所示：

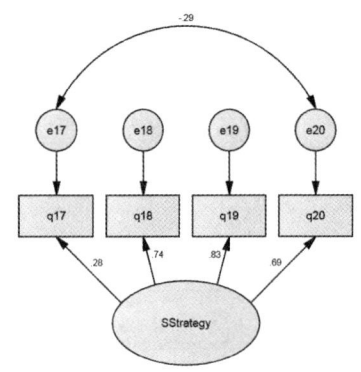

图6-10 "学习策略"测量模型标准化系

上图显示,经过修正的模型拟合指标均达到参考范围,拟合指标如表6-9所示:

表6-9 "学习策略"测量模型拟合度指标

指标名称	CMIN/DF	p	GFI	AGFI	CFI	RMR	RMSEA
参考范围	≤ 5	0.05	≥ 0.90	≥ 0.90	≥ 0.90	≤ 0.10	≤ 0.08
复核检验	2.146	0.143	0.998	0.983	0.998	0.014	0.043

"学习策略"测量模型中各观测变量项的标准化回归系数均达到显著水平(p>0.05),见表6-10:

表6-10 "学习策略"测量模型系数及显著性检验

Regression Weights:(Group number 1 – Default model)

			Estimate	S.E.	C.R.	P
q17	<—	SStrategy	1.000			
q18	<—	SStrategy	2.991	.495	6.047	***
q19	<—	SStrategy	3.346	.552	6.059	***
q20	<—	SStrategy	2.429	.434	5.593	***

Standardized Regression Weights：（Group number 1 – Default model）

			Estimate
q17	<—	SStrategy	.279
q18	<—	SStrategy	.743
q19	<—	SStrategy	.825
q20	<—	SStrategy	.687

以上数据说明"学习策略"这个潜在变量得到了数据支持，假设理论模型与数据吻合很好，结构稳定、可靠。

（六）"管理策略"测量模型

研究假设 5 个观测变量 q21、q22、q23、q24、q25 构成了潜变量"管理策略"概念，"管理策略"测量模型如图 6-11：

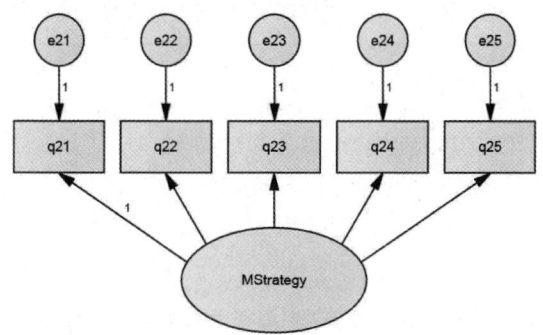

图 6-11 "管理策略"测量模型

通过初步拟合检验与复核检验及修正，"管理策略"测量模型标准化系数与拟合指标如下，见图 6-12。

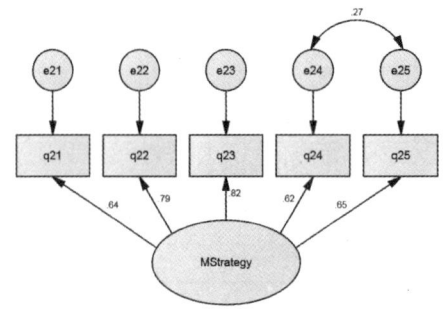

图 6-12 "管理策略"测量模型标准化系数

上图显示,经过修正的模型拟合指标除了因为样本量较大,p 值小于 0.05 之外,其他拟合指标均在参考范围区间内,这说明"管理策略"测量模型与数据拟合很好,拟合指标如表 6-11 所示:

表 6-11 "学习策略"测量模型拟合度指标

指标名称	CMIN/DF	p	GFI	AGFI	CFI	RMR	RMSEA
参考范围	≤ 5	0.05	≥ 0.90	≥ 0.90	≥ 0.90	≤ 0.10	≤ 0.08
复核检验	2.894	0.021	0.992	0.971	0.993	0.019	0.056

"管理策略"测量模型中各观测变量项的标准化回归系数均达到显著水平($p>0.05$),见表 6-12:

表 6-12 "管理策略"测量模型系数及显著性检验

Regression Weights:(Group number 1 - Default model)

			Estimate	S.E.	C.R.	P
q21	<—	MStrategy	1.000			
q22	<—	MStrategy	1.150	.076	15.159	***
q23	<—	MStrategy	1.129	.073	15.412	***
q24	<—	MStrategy	.800	.063	12.649	***
q25	<—	MStrategy	.808	.062	13.102	***

第六章　三语习得有效路径的构建与验证

Standardized Regression Weights：(Group number 1 – Default model)

			Estimate
q21	<—	MStrategy	.637
q22	<—	MStrategy	.794
q23	<—	MStrategy	.824
q24	<—	MStrategy	.621
q25	<—	MStrategy	.648

以上研究结果说明"管理策略"这个潜在变量得到了数据支持，假设理论模型与数据吻合较好，结构稳定、可靠。

二、基于可控性影响因素的结构方程模型

上文对"文化认同""背景语言""融合型动机""工具型动机""管理策略""学习策略"六个测量模型进行了 CFA 验证性因子分析，分析结果显示测量模型均得到数据支持，模型结构稳定、可靠。下文进行结构方程模型的构建。

（一）"背景语言→文化认同"结构模型

本研究中"背景语言"潜变量由反映心理语言距离和语言迁移意识的 3 个观测变量构成，研究假设：与 L3 的心理语言距离越近，语言迁移意识越强的三语学习者对 L3 语言所承载的文化有更强的认同感。为检验以上理论假设是否成立，研究以"背景语言"为自变量，"文化认同"为因变量构建"背景语言→文化认同"结构方程假设模型，并考察自变量对因变量的解释作用，见图 6-13：

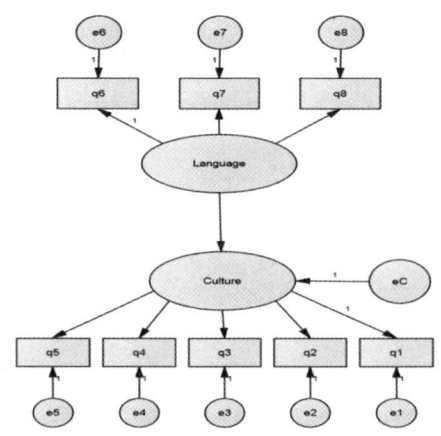

图 6-13 "背景语言→文化认同"结构模型

"背景语言→文化认同"结构模型经过初步拟合检验、复核检验和修正后,拟合指标如表 6-13 所示:

表 6-13 "背景语言→文化认同"结构模型拟合指标

指标名称	CMIN/DF	p	GFI	AGFI	CFI	RMR	RMSEA
参考范围	≤ 5	0.05	≥ 0.90	≥ 0.90	≥ 0.90	≤ 0.10	≤ 0.08
复核检验	4.651	0.000	0.966	0.933	0.932	0.067	0.077

上表检验结果显示,除了因为样本量较大,p 值小于 0.05 之外,卡方值与自由度之比(CMIN/DF)、拟合优度指数(GFI)、矫正拟合优度指数(AGFI)、比较拟合指数(CFI)、残差均方和平方根(RMR)以及渐进残差均方和平方根(RMSEA)等拟合指标均在参考范围之内,说明数据与模型拟合较好。

表 6-14 "背景语言→文化认同"结构模型回归系数显著性检

Regression Weights:(Group number 1 – Default model)

			Estimate	S.E.	C.R.	P
Culture	<—	Language	.212	.075	2.817	.005
q6	<—	Language	1.000			
q7	<—	Language	1.785	.240	7.445	***
q8	<—	Language	1.127	.119	9.473	***
q1	<—	Culture	1.000			

第六章 三语习得有效路径的构建与验证

续表

			Estimate	S.E.	C.R.	P
q2	<—	Culture	1.111	.101	11.030	***
q3	<—	Culture	1.049	.096	10.953	***
q4	<—	Culture	.578	.066	8.794	***
q5	<—	Culture	.401	.057	7.022	***

Standardized Regression Weights：(Group number 1 – Default model)

			Estimate
Culture	<—	Language	.149
q6	<—	Language	.439
q7	<—	Language	.926
q8	<—	Language	.613
q1	<—	Culture	.644
q2	<—	Culture	.670
q3	<—	Culture	.654
q4	<—	Culture	.467
q5	<—	Culture	.360

我们考察了潜变量之间的标准化回归系数。表 6-14 显示"背景语言"对"文化认同"的回归系数为 0.149，$p=0.005$，达到显著水平（$p < 0.05$）。其他各项的回归系数均达到显著水平。

下面 Squared Multiple Correlations 表中"背景语言"对应的值显示为 0.022，这说明自变量可累计解释因变量"文化认同" 2.2% 的方差。

表 6-15 "背景语言→文化认同"结构模型因变量被解释比例

Squared Multiple Correlations：(Group number 1 – Default model)

	Estimate
Culture	.022
q5	.130
q4	.218
q3	.427
q2	.449

续表

		Estimate
q1		.415
q8		.376
q7		.857
q6		.193

"背景语言→文化认同"结构模型中自变量对因变量的总效应(Standardized Total Effects)、直接效应(Standardized Direct Effects)见表6-16：

表6-16 "背景语言→文化认同"结构模型影响效应

因变量	自变量	R^2	直接效应	总效应
文化认同		0.022		
	背景语言		0.149	0.149

表6-16显示，自变量"背景语言"对因变量"文化认同"的直接效应和总效应为0.149。研究结果显示，"背景语言→文化认同"结构模型得到了数据的支持。研究假设"背景语言"对"文化认同"有直接影响，检验结果显示直接效应值为0.149，说明背景语言对学习者的文化认同有直接影响，"背景语言→文化认同"路径成立。虽然该模型得到了数据的支持，但是由于自变量只能累计解释因变量2.2%的方差，因此在后面建立三语习得有效路径时，该模型不予考虑。

（二）"文化认同→学习动机→学习者策略"结构模型

本研究假设："文化认同"对"学习动机"产生直接影响(H1)；"学习动机"对"学习者策略"产生直接影响(直接影响(H2)；"文化认同"通过"学习动机"对"学习者策略"产生间H3)。为检验以上理论假设是否能够得到数据的支持，研究以"文化认同"作为自变量，"学习动机"为作为中介变量，"学习者策略"作为因变量建立"文化认同→学习动机→学习者策略"结构方程假设模型，并考察自变量通过中介变量对因变量的解释作用，见图6-14：

第六章 三语习得有效路径的构建与验证

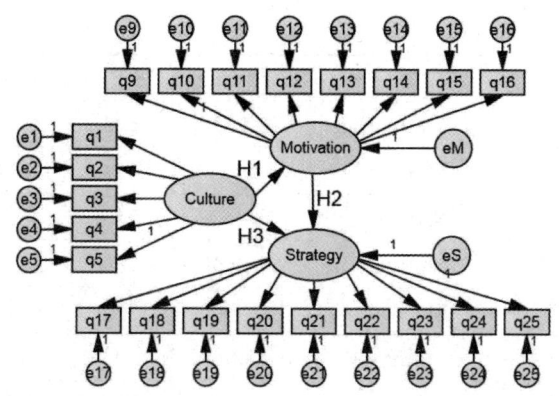

图 6-14 "文化认同→学习动机→学习者策略"结构模型

"文化认同→学习动机→学习者策略"结构模型经过初步拟合检验、复核检验和修正,拟合指标如表 6-17 所示:

表 6-17 "文化认同→学习动机→学习者策略"结构模型拟合指标

指标名称	CMIN/DF	p	GFI	AGFI	CFI	RMR	RMSEA
参考范围	≤ 5	0.05	≥ 0.90	≥ 0.90	≥ 0.90	≤ 0.10	≤ 0.08
复核检验	2.744	.000	0.926	0.902	0.921	0.076	0.053

上表检验结果显示,除了因为样本量较大,p 值小于 0.05 之外,卡方值与自由度之比(CMIN/DF)、拟合优度指数(GFI)、矫正拟合优度指数(AGFI)、比较拟合指数(CFI)、残差均方和平方根(RMR)以及渐进残差均方和平方根(RMSEA)等拟合指标均在参考范围之内,说明数据与模型拟合较好。

表 6-18 "文化认同→学习动机→学习者策略"结构模型回归系数显著性检

Regression Weights:(Group number 1 - Default model)

			Estimate	S.E.	C.R.	P
Motivation	<—	Culture	.355	093	3.828	***
Strategy	<—	Motivation	1.334	.279	4.787	***
Strategy	<—	Culture	−.249	.120	−2.081	.037
q9	<—	Motivation	1.000			
q10	<—	Motivation	1.550	.285	5.436	***
q11	<—	Motivation	2.473	.437	5.656	***

续表

			Estimate	S.E.	C.R.	P
q12	<—	Motivation	2.948	.574	5.139	***
q13	<—	Motivation	−2.059	.424	−4.860	***
q14	<—	Motivation	−1.646	.363	−4.538	***
q15	<—	Motivation	−.060	.186	−.322	.748
q16	<—	Motivation	−1.748	.382	−4.578	***
q25	<—	Strategy	1.000			
q24	<—	Strategy	.982	.065	15.070	***
q23	<—	Strategy	1.375	.089	15.389	***
q22	<—	Strategy	1.433	.094	15.264	***
q21	<—	Strategy	1.347	.098	13.811	***
q20	<—	Strategy	.555	.076	7.255	***
q19	<—	Strategy	.904	.089	10.149	***
q18	<—	Strategy	.679	.086	7.858	***
q17	<—	Strategy	.485	.075	6.489	***
q5	<—	Culture	1.000			
q4	<—	Culture	1.621	.223	7.274	***
q3	<—	Culture	2.789	.411	6.794	***
q2	<—	Culture	2.987	.437	6.835	***
q1	<—	Culture	2.737	.402	6.811	***

Standardized Regression Weights：(Group number 1 - Default model)

			Estimate
Motivation	<—	Culture	.338
Strategy	<—	Motivation	.632
Strategy	<—	Culture	−.112
q9	<—	Motivation	.245
q10	<—	Motivation	.467
q11	<—	Motivation	.650
q12	<—	Motivation	.800
q13	<—	Motivation	−.484

续表

			Estimate
q14	<—	Motivation	−.373
q15	<—	Motivation	−.015
q16	<—	Motivation	−.384
q25	<—	Strategy	.639
q24	<—	Strategy	.606
q23	<—	Strategy	.798
q22	<—	Strategy	.787
q21	<—	Strategy	.682
q20	<—	Strategy	.328
q19	<—	Strategy	.471
q18	<—	Strategy	.356
q17	<—	Strategy	.287
q5	<—	Culture	.340
q4	<—	Culture	.483
q3	<—	Culture	.642
q2	<—	Culture	.665
q1	<—	Culture	.651

我们考察了潜变量之间的标准化回归系数。表6-18中三个标准化回归系数中"文化认同"对"学习动机"的标准化回归系数为0.338，"学习动机"对"学习者策略"的标准化回归系数为0.632，"文化认同"对"学习者策略"的标准化回归系数为−0.112，均达到显著水平（$p < 0.05$），其他各项的回归系数除了q15（$p=0.748$）之外，均达到显著水平。

表6-19 "文化认同→学习动机→学习者策略"结构模型相关系数显著性检验

Covariances：(Group number 1 – Default model)

			Estimate	S.E.	C.R.	P
e19	<—>	e18	.605	.054	11.255	***
e13	<—>	e14	.578	.060	9.599	***
e20	<—>	e19	.505	.047	10.730	***

续表

			Estimate	S.E.	C.R.	P
e20	<—>	e18	.494	.048	10.264	***
e15	<—>	e16	.266	.054	4.926	***
e13	<—>	e16	.533	.061	8.693	***
e14	<—>	e16	.584	.066	8.892	***
e17	<—>	e5	.160	.029	5.500	***
e25	<—>	e24	.169	.028	6.003	***
e5	<—>	e4	.159	.027	5.848	***
e14	<—>	e15	.305	.052	5.910	***
e20	<—>	e17	−.166	.033	−5.114	***
e5	<—>	eM	.049	.013	3.682	***
e9	<—>	e11	.310	.047	6.615	***
e9	<—>	e10	.263	.044	6.027	***
e10	<—>	e11	.176	.037	4.798	***

Correlations：(Group number 1 - Default model)

			Estimate
e19	<—>	e18	.540
e13	<—>	e14	.456
e20	<—>	e19	.502
e20	<—>	e18	.467
e15	<—>	e16	.187
e13	<—>	e16	.409
e14	<—>	e16	.407
e17	<—>	e5	.213
e25	<—>	e24	.293
e5	<—>	e4	.258
e14	<—>	e15	.220
e20	<—>	e17	−.173
e5	<—>	eM	.238
e9	<—>	e11	.325

续表

| e9 | <—> | e10 | .271 |
| e10 | <—> | e11 | .249 |

表6-19显示,"文化认同→学习动机→学习者策略"结构模型中所有项的相关系数均达到显著水平($p<0.05$)。

下面Squared Multiple Correlations表6-20中"学习者策略"的值显示为0.364,这说明自变量可累计解释因变量"学习者策略"36.4%的方差。

表6-20 "文化认同→学习动机→学习者策略"结构模型因变量被解释比例

Squared Multiple Correlations：(Group number 1 – Default model)

			Estimate
Motivation			.114
Strategy			.364
q1			.424
q2			.443
q3			.412
q4			.234
q5			.115
q17			.082
q18			.127
q19			.222
q20			.107
q21			.466
q22			.619
q23			.636
q24			.368
q25			.408
q16			.148
q15			.000
q14			.139

续表

		Estimate
q13		.235
q12		.640
q11		.423
q10		.218
q9		.060

"文化认同→学习动机→学习者策略"结构模型中自变量对因变量的总效应(Standardized Total Effects)、直接效应(Standardized Direct Effects)和间接效应(Standardized Indirect Effects)见表6-21。

表6-21 "文化认同→学习动机→学习者策略"结构模型影响效应

因变量	自变量	R^2	直接效应	间接效应	总效应
学习者策略		0.364			
	学习动机		0.632		0.632
	文化认同		−0.112	0.214	0.101

研究结果显示,"文化认同→学习动机→学习者策略"结构模型得到了数据的支持。对于"文化认同"与"学习者策略"而言,"学习动机"是个中介变量;对于因变量"学习者策略"而言,中介变量"学习动机"是直接影响因素,自变量"文化认同"是间接影响因素。研究假设"文化认同"对"学习动机"产生直接影响,直接效应值为0.338,说明文化认同正面影响学习者的学习动机,文化认同越强的学习者学习动机也越强,反之越弱,H1"文化认同→动机"路径成立,并达到显著水平;"学习动机"对"学习者策略"产生直接影响,直接效应值为0.632,H2"动机→学习者策略"路径成立,并达到显著水平;最后,"文化认同"通过中介变量"学习动机"对"学习者策略"产生间接影响,间接效应值为0.214,H3"文化认同→学习者策略"路径成立,但是未达到显著水平。

(三)"背景语言→学习动机→学习者策略"结构模型

本研究中背景语言因素指研究对象L1、L2、L3间的心理语言距离,心理语言距离对语际迁移产生影响(见文献综述部分),因此,研究假设

"背景语言"对 L3 学习的"学习动机"产生直接影响(H1);"学习动机"对"学习者策略"产生直接影响(H2);"背景语言"通过"学习动机"对"学习者策略"产生间接影响(H3)。为检验以上理论假设是否能够得到数据的支持,研究以"背景语言"作为自变量,"学习动机"作为中介变量,"学习者策略"作为因变量建立"背景语言→学习动机→学习者策略"结构方程假设模型,并考察自变量通过中介变量对因变量的解释作用,见图 6-15。

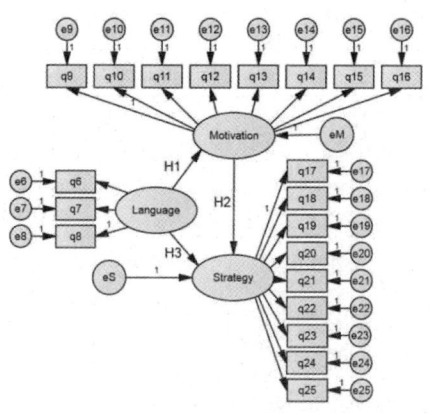

图 6-15　"背景语言→学习动机→学习者策略"结构模型

经过对模型的初步拟合检验、复核检验和修正,最终得到修正后模型拟合指标如下。

表 6-22　"背景语言→学习动机→学习者策略"结构模型拟合指标

指标名称	CMIN/DF	p	GFI	AGFI	CFI	RMR	RMSEA
参考范围	≤ 5	0.05	≥ 0.90	≥ 0.90	≥ 0.90	≤ 0.10	≤ 0.08
复核检验	3.899	0.000	0.904	0.872	0.887	0.091	0.069

表 6-22 检验结果显示,因为样本量较大,p 值小于 0.05,卡方值与自由度之比(CMIN/DF)、拟合优度指数(GFI)接近 1、矫正拟合优度指数(AGFI)接近 0.9、比较拟合指数(CFI)接近 0.9、残差均方和平方根(RMR)以及渐进残差均方和平方根(RMSEA)等拟合指标在参考范围之内,说明该模型基本得到数据支持。

下面,我们考察潜变量之间的标准化回归系数。表 6-23 显示,回归系数中"背景语言"对"学习动机"的标准化回归系数为 0.486,"学习动机"对"学习者策略"的标准化回归系数为 0.541,均达到显著水平（$p<0.05$）；但是"背景语言"对"学习者策略"的标准化回归系数为0.037，未达到显著水平（$p=0.503$）。以上结果说明"背景语言"对"学习动机"有显著性影响，"学习动机"对"学习者策略"有显著性影响，而"背景语言"对"学习者策略"的影响甚微。另外，在所有的观测变量中除了q15的回归系数为0.078，未达到显著水平（$p=0.089$），其他各项回归系数均达到显著水平。

表6-23 "背景语言→学习动机→学习者策略"结构模型回归系数显著性检

Regression Weights：（Group number 1 – Default model）

			Estimate	S.E.	C.R.	P
Motivation	<—	Language	.390	.057	6.841	***
Strategy	<—	Motivation	.324	.064	5.068	***
Strategy	<—	Language	.018	.026	.670	.503
q8	<—	Language	1.000			
q7	<—	Language	1.336	.118	11.330	***
q6	<—	Language	.884	.091	9.739	***
q9	<—	Motivation	1.000			
q10	<—	Motivation	1.152	.131	8.808	***
q11	<—	Motivation	1.584	.169	9.362	***
q12	<—	Motivation	1.440	.157	9.197	***
q13	<—	Motivation	−1.033	.141	−7.352	***
q14	<—	Motivation	−.769	.131	−5.877	***
q15	<—	Motivation	.179	.105	1.700	.089
q16	<—	Motivation	−.836	.137	−6.107	***
q17	<—	Strategy	1.000			
q18	<—	Strategy	1.349	.247	5.474	***
q19	<—	Strategy	1.789	.294	6.093	***
q20	<—	Strategy	1.096	.227	4.821	***
q25	<—	Strategy	2.005	.303	6.608	***
q21	<—	Strategy	2.671	.400	6.685	***
q24	<—	Strategy	1.977	.302	6.541	***

续表

			Estimate	S.E.	C.R.	P
q23	<—	Strategy	2.747	.401	6.853	***
q22	<—	Strategy	2.841	.416	6.835	***

Standardized Regression Weights：（Group number 1 - Default model）

			Estimate
Motivation	<—	Language	.486
Strategy	<—	Motivation	.541
Strategy	<—	Language	.037
q8	<—	Language	.662
q7	<—	Language	.844
q6	<—	Language	.473
q9	<—	Motivation	.434
q10	<—	Motivation	.615
q11	<—	Motivation	.738
q12	<—	Motivation	.693
q13	<—	Motivation	-.431
q14	<—	Motivation	-.311
q15	<—	Motivation	.078
q16	<—	Motivation	-.327
q17	<—	Strategy	.296
q18	<—	Strategy	.356
q19	<—	Strategy	.468
q20	<—	Strategy	.325
q25	<—	Strategy	.643
q21	<—	Strategy	.679
q24	<—	Strategy	.613
q23	<—	Strategy	.800
q22	<—	Strategy	.783

表 6-24 "背景语言→学习动机→学习者策略"结构模型相关系数显著性检验

Covariances：(Group number 1 – Default model)

			Estimate	S.E.	C.R.	P
e18	<—>	e19	.607	.054	11.269	***
e13	<—>	e14	.637	.062	10.276	***
e19	<—>	e20	.508	.047	10.765	***
e18	<—>	e20	.496	.048	10.296	***
e15	<—>	e16	.282	.054	5.204	***
e13	<—>	e16	.592	.063	9.392	***
e14	<—>	e16	.639	.067	9.532	***
e24	<—>	e25	.163	.028	5.824	***
e14	<—>	e15	.316	.052	6.100	***
e17	<—>	e20	−.178	.034	−5.301	***

Correlations：(Group number 1 – Default model)

			Estimate
e18	<—>	e19	.541
e13	<—>	e14	.478
e19	<—>	e20	.503
e18	<—>	e20	.468
e15	<—>	e16	.195
e13	<—>	e16	.432
e14	<—>	e16	.429
e24	<—>	e25	.285
e14	<—>	e15	.224
e17	<—>	e20	−.184

表 6-24 显示，以上所有各项间的相关系数均达到显著水平（$p<0.05$）。

下面 Squared Multiple Correlations 表 6-25 中"学习者策略"的值显示为 0.314，这说明自变量可累计解释因变量"学习者策略"31.4%的方差。

第六章 三语习得有效路径的构建与验证

表6-25 "背景语言→学习动机→学习者策略"结构模型因变量被解释比例

Squared Multiple Correlations：(Group number 1 - Default model)

	Estimate
Motivation	.236
Strategy	.314
q25	.413
q24	.375
q23	.640
q22	.613
q21	.462
q20	.106
q19	.219
q18	.126
q17	.087
q16	.107
q15	.006
q14	.096
q13	.186
q12	.480
q11	.545
q10	.378
q9	.188
q6	.224
q7	.712
q8	.438

"背景语言→学习动机→学习者策略"结构模型中自变量对因变量的总效应(Standardized Total Effects)、直接效应(Standardized Direct Effects)和间接效应(Standardized Indirect Effects)见表6-26。

表 6-26 "背景语言→学习动机→学习者策略"结构模型影响效应

因变量	自变量	R^2	直接效应	间接效应	总效应
学习者策略		0.314			
	动机		0.541		0.541
	背景语言		0.037	0.263	0.300

综合上述指标,"文化认同→学习动机→学习者策略"结构模型得到了数据的支持。对于"背景语言"与"学习者策略"而言,"学习动机"是个中介变量;对于因变量"学习者策略"而言,中介变量"学习动机"是直接影响因素,自变量"背景语言"是间接影响因素。研究假设"背景语言"对"学习动机"产生直接影响,直接效应值为 0.486,说明背景语言因素正面影响学习者的学习动机,与目的语心理语言距离越近,语言迁移意识越强的学习者学习动机也越强,反之越弱,H1"背景语言→动机"路径成立,并达到显著水平;该模型中"学习动机"对"学习者策略"产生直接影响,直接效应值为 0.541,H2"动机→学习者策略"路径成立,并达到显著水平;最后,"背景语言"通过中介变量"学习动机"对"学习者策略"产生间接影响,间接效应值为 0.263,H3"背景语言→学习者策略"路径成立,但是未达到显著水平。

第三节 三语习得有效路径模型

情感因素在语言习得中起非常重要的作用,这一结论具有生物学基础。神经语言学和心理语言学的研究结果告诉我们,语言信息输入之后大脑对它们并不是立刻进行加工,而是先由"情绪脑"杏仁体接受处理,之后才进入语言加工环节;语言加工的效果受到情绪很大的影响。因此,有研究提出,成功的语言学习都由情绪所驱动(岳金星,史光孝,2013;常林,2014)。

因此本研究中提出的三语习得路径以情感因素为驱动,情感因素包括了文化认同和动机两个核心变量。通过可控性影响因素与 L3 水平的二列相关分析结果得知文化认同因素、动机因素、学习者策略、背景语

第六章 三语习得有效路径的构建与验证

言都与三语输出结果有相关关系,而且学习策略与三语输出结果存在高度相关关系,并且是三语习得结果的直接影响因素(Direct variables)。

从本研究 AMOS 结构方程模型检验结果得知"文化认同"通过"学习动机"间接作用于"学习者策略"(效应值见表 6-21),"背景语言"也通过"学习动机"间接作用于"学习者策略"(效应值见表 6-26)。换言之,"学习动机"是中介变量(Mediating variables)。同时本研究 Logistic 回归分析结果显示,学习策略和工具型动机对三语学习者从"低水平"向"高水平"转化具有预测作用。因此,在全面加强可控性影响因素的同时,我们投入更多的精力于如何强化"学习策略",如何调节"学习动机"因素,势必会收到事半功倍的效果。

本研究可控因素的皮尔逊相关性分析结果显示,文化认同与融合型动机表现出高度相关 r=0.302 ($p < 0.01$,双侧);与工具型动机表现出高度负相关关系 r=-0.099 ($p < 0.05$,双侧)。问卷中,文化认同包括 5 个测度项,分别涉及有关目的语的饮食、礼仪、节日、建筑、歌曲。其中歌曲艺术的均值最高。因此,借助文化,尤其是歌曲艺术的形式可以增强学习者学习动机,特别是融合型动机。

基于上述生物学基础和本研究实证研究数据分析结果,本研究提出的语言习得路径模型首先由文化认同这一情感因素来驱动学习动机。对三语习得者影响因素的调查发现,被试对歌曲等文化艺术形式的兴趣浓厚,因而在具体的教学或学习中,教师和学习者可以通过欣赏和学习目的语歌曲的方式来增强情感因素。动机是重要的社会心理因素,研究证明它通过对努力程度的影响间接对语言学习结果产生作用(Gardner,1985;Ellis,1994;Dörnyei & Clement,2001)。动机甚至可以用来预测语言知识和技能的学习结果(如:曹凤静,2014;高一虹,2003)。Gardner 和 Lambert(1972)提出了动机类型理论,将动机分为"工具型"和"融合型"动机。高一虹等(2003)的实证研究表明"融合型"动机比"工具型"动机对语言学习的结果有更积极的影响。本研究中数据分析结果显示,"融合型"动机与 L3 水平有正相关关系,而"工具型"动机与 L3 水平呈显著的负相关关系,说明学习者的"工具型"动机越强,L3 水平越低,反之 L3 水平越高的学习者"工具型"动机越低。这一结果说明学习者和教师需要对动机做适当调整,加强"融合型"动机,调节"工具型"动机,从而提高目的语的学习效果。20 世纪末,动机的概念更多融入了社会文化的因素。Norton P.B.(1995)拓宽了人们对"学习动机"的理解视角,提出了语言"投资""想象共同体""想象认同"的概念。Norton(2001)的研究表明"想象认同"和"想象共同体"通过作用于"融合型"动机对学习者的"投资"动机性行为造成影响。Dörnyei(2005)提出了"二语习得自我系统"。这一系统受到人格心理学的"自我导向"理论的启发,包括了"理想自我""应该自我"和"二语学习经验"三个层面。"理想自我"由"融合型"动机驱动实现,"应该自我"由"工具型"动机驱动实现。在具体操作中,教师和学习者可以充分利用"融合型"动机,发挥"想象认同""想象共同体"的作用来激发学生的学习兴趣和欲望;也可以通过树立优秀榜样形象来驱动学习者的融合型动机,进而带来积极的学习效果;从而实现学习者的"理想自我"。

许多研究证明学习策略是语言习得的直接影响因素。Rubin(1987)的学习者策略框架将学习策略分为认知策略和元认知策略,二者对语言习得产生直接影响。柳鑫淼(2014)在其博士论文中构建了学习者个体差异因素基线模型,该模型表明,语言输出的直接影响因素有三个,语言学能(language aptitude)、学习策略(learning strategy)和焦虑(anxiety)学习者策略,见图6-16:

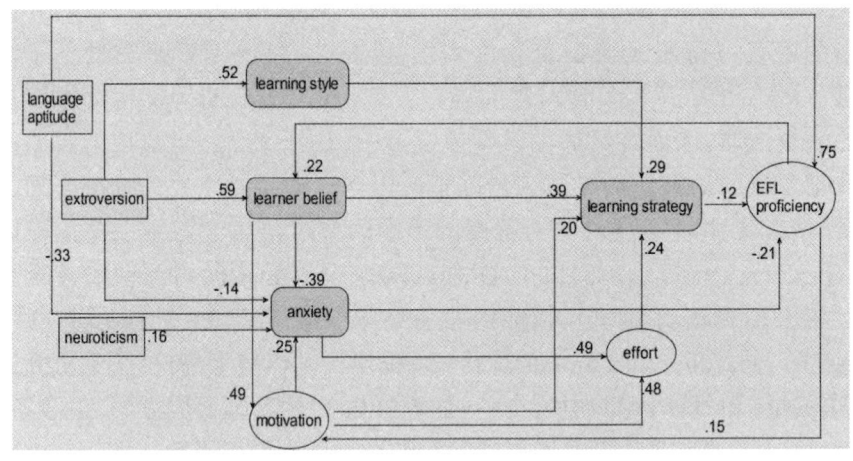

图6-16　学习者个体差异因素基线模型(柳鑫淼,2014)

图6-16显示,语言学能→语言输出的直接效应值为0.753,学习策略→语言输出的直接效应值为0.131。文秋芳(1993)也构建了学习者因素因果模型。其研究结果表明,学习策略、性别、背景语言水平和是语言输出(成绩)的直接影响因素。张朝霞(2009),肖宇、王福宁(2009),

第六章 三语习得有效路径的构建与验证

李河、李嘉东(2010)等的实证研究也都得出相似的结果。

王立非(1998)认为学习策略由认知观念和方法手段构成,是心理认知过程与具体行为的结合,是学习者在一定的语言学习观念下所采取的具体措施。本研究三语习得可控性影响因素中的学习者策略由管理策略和学习策略构成,管理策略包括了元认知策略、情感策略,学习策略包括了认知策略和社交策略。

从本研究的结构方差模型看出,动机通过学习者策略因素作用于三语习得语言习得路径。与上文中图6-16柳鑫森的研究类似,以往的研究结果大都揭示了语言习得影响因素与语言输出,即成绩之间的关系,路径由各影响因素直接指向语言的输出环节。

然而本研究认为影响因素是间接作用于语言输出的,语言输出是语言加工后的外显形式。影响因素实际上是通过作用于语言输入或语言加工环节而影响语言输出结果的。例如,被诸多研究认为是语言输出"直接影响因素"的"学习策略"直接影响的是语言的有效输入或可理解性输入;"语言学能"对"语言输入"与"语言加工"都有影响,但在更大程度上影响的是"语言加工"机制,"焦虑"情绪因素既抑制语言的有效输入也会限制"语言加工"机制。因此,如果能够强化"语言输入"影响因素的正面作用,优化语言加工机制,那么语言输出的结果必然更加理想。

此外,动机的强化可能使学习者更多地学习和应用学习策略,从而提高扩大语言的有效输入或可理解性输入。对于语言习得而言,语言的输入量是形成语言经验、提高语言认知能力的基础。对于三语习得而言,随着三语输入量的加大,语际间的语言迁移活动会愈发活跃,三语之间的互动更加频繁。教学和学习中加强对语际迁移的认知,树立利用语言正迁移优化语言加工机制,从而增强三语习得结果的意识,这对促进背景语言和第三语言的习得成效有积极的作用。

相比其他环节,语言加工机制较为稳定,但受到语言学能的制约。背景语言不断熟练,会增加学习者的语言体验,丰富语言学习经验,促成语言学能的提高。虽然语言学能受到智力水平的限制相对稳定,但是许多学者认为它也存在着一些变量,语言学习经验的增加可以有效地提高学习者的语言学习的能力,优化语言加工机制。

综上所述,强化情感因素(文化认同/兴趣、动机),可以推进学习者策略的使用,从而提高语言的有效输入,促进语言正迁移,优化三语加工机制,同时对提高背景语言水平有积极影响。背景语言水平的提高会丰富学习者语言习得的成功经验,进而提高语言学能;语言学能是影响语言加工机制的核心要素,提高语言学能最终会提高三语习得成效。

综合理论文献研究、问卷调查 SPSS 数据分析、访谈、个案研究以及 AMOS 结构方程模型等多方面的研究结果,本研究提出三语习得有效路径模型如下:

三语习得有效路径模型

（图：三语习得有效路径模型）

情感因素 → 动机（融/工）：直接效应值0.338
情感因素 → 文化认同（兴趣）
动机（融/工）→ 学习者策略：直接效应值 0.632
文化认同（兴趣）→ 学习者策略：间接效应值 0.214
融合型动机 0.176
背景语言因素 → 动机：直接效应值 0.486
背景语言因素 → 学习者策略：间接效应值 0.263
管理策略 0.211
学习策略 0.258*
语言输入 → 语言加工 → 语言输出
文化认同（兴趣）0.168
工具型动机 0.176
背景语言 0.102

备注: * $p < 0.01$
□ 表示过程性环节
⇩ 表示路径指向

第六章 三语习得有效路径的构建与验证

◯表示影响因素潜变量

→表示影响作用方向

↶表示相互关系

上图三语习得有效路径模型中,空心宽箭头表示语言习得路径指向;直箭头表示自变量与因变量之间的作用方向,箭尾为自变量,箭头指向为因变量;曲线箭头表示相互关系,曲线箭头旁的斜体数字为相关系数,数字上方"*"表示高度相关($p<0.01$)。直线箭头表示作用方向,旁边的数字表示作用的直接效应值或间接效应值。

各组变量之间的关系诠释如下:情感因素(文化认同、动机)、学习者策略、背景语言因素都对语言输出结果产生影响(相关关系由曲线箭头表示;相关系数在曲线旁注明)。学习者策略直接作用于语言习得路径,并且受到"学习动机"的直接影响,受到"文化认同"和"背景语言"的间接影响。因此,在全面强化可控性影响因素作用的基础上,着重通过加强情感因素,激发学习兴趣,强化学习动机,尤其是融合型动机来调动学习者学习和使用学习者策略的能动性;通过对学习者策略的培训,优化学习者策略,进而扩大语言的有效输入量;语言有效输入量的扩大和背景语言水平的提高会增加学习者语言学习的经验;强化背景语言因素,培养学习者的元语言意识,调节语言心理距离,促进语言正迁移的发生,从而优化语言加工机制,最后优化语言输出结果。

本研究中提出的三语习得有效路径模型以情感因素来驱动,其中包括了文化认同与动机。要特别强调的是问卷调查的结果表明在文化认同影响因素的 5 个测度项中,喜欢英文歌曲和电影一项的均值明显高于其他测度项;从问卷调查后的个体访谈和 L3"低水平"者与 L3"高水平"者的个体访谈中也得知,英文歌曲与电影对于 L3 学习者的学习动机具有明显的驱动作用。通过 AMOS 构建的"文化认同→学习动机→学习者策略"假设模型成立,"文化认同"通过"学习动机"对"学习者策略"有间接影响。此外,神经语言学与心理学研究也表明人的情感因素对于学习的成功具有极其重要的意义。本研究的教学实验采用了以英文歌曲和电影激发学生的英语学习兴趣与动机,并且取得了较好的效果。因此,本研究提出的三语习得有效路径以兴趣为驱动具有科学依据。

三语习得有效路径处于复杂的动态系统之中,各个影响因素相互关联,相互作用,某一个因素的变化都可能造成整个系统的变化和语言习得的结果的变化,三语习得的结果最终取决于整个影响因素系统的协同作用。本研究提出了基于学习者可控性影响因素的三语习得有效路径模型,并不是忽视其他影响因素的作用,而是强调在复杂动态系统理论下,尽可能地发挥人的主观能动性,调节可控性影响因素,最大限度地优化三语习得结果。在三语习得有效路径所处的影响因素系统中,复杂的关系很难用简单的线性的关系来表现,本研究绘制的模型图仅仅描述了部分主要的关系,而实际当中各种关联一定都是双向甚至是多向的。

第四节 三语习得有效路径模型的创新

本研究综述发现国内二语习得模式研究停留在理论探讨层面,缺乏实践检验,二语习得影响因素的研究大多与语言习得路径的某一个孤立的环节结合,缺乏语言习得过程的整体观。三语习得的研究内容分布失衡,研究方法单一。主要研究成果集中于语际迁移方面,影响因素的研究虽有学者涉及但大多局限于单因素变量的研究,关于三语习得路径与模型的研究尚为空白。本研究构建的三语习得有效路径模型具有以下方面的创新。

首先,语言习得领域的认知心理学派与社会文化学派经历了20多年的对峙后逐渐走向相互借鉴与融合,但在研究实践中仍然各持其重,未见有深度的融合。认知心理学派侧重"学习者心理"的研究,关注学习者的内在心理变化对语言习得过程和结果的产生的影响(如,Gardner & Lambert, 1972)。社会文化学派则着眼于语言习得过程与社会外界的互动,强调社会文化因素对语言习得过程和结果的相互关系(如,Schumann, 1978)。本研究整合了认知心理学派与社会文化学派的观点及研究成果,将语言习得模式研究与影响因素研究结合起来,构建三语习得有效路径模型,在三语习得研究领域做出了大胆的尝试。

其次,本研究坚持用动态的、系统的、全面的、整体的、发展的观点来研究语言习得过程。从研究综述可见,大多数有关语言习得影响因素或模式的研究都将研究的重心置于影响因素系统内部的动态关系,或影响因素与二语产出的关系上,研究中所有影响因素的作用方向都指向语言输出环节,忽略了语言输入环节和语言加工机制受到的影响(如:戴

第六章 三语习得有效路径的构建与验证

运财,2012;文秋芳,1993;柳鑫淼,2014),割裂了语言习得路径的完整性,语习得过程的系统性。本研究将"语言输入—语言加工—语言输出"这一线性的语言习得路径视作一个整体的观察因变量,即结果变量,影响因素为被测量的自变量。如三语习得有效路径模型图7.17显示,学习者策略因素对语言的输入效率有直接的影响作用,并通过语言加工机制影响语言的输出。背景语言因素直接作用于学习动机和语言加工机制,间接作用于学习者策略。

再次,三语习得有效路径模型将文化认同因素与背景语言因素视为影响三语习得路径的重要变量,突破了现有的三语习得影响因素研究框架。

最后,本研究采用了量化研究与质性研究相结合,问卷调查与个体访谈相补充,理论建模检验与教学实验验证相印证,大样本调查与典型个案研究兼用的混合方式进行,丰富了三语习得的研究方法。

本研究在研究观点、研究内容、研究方法方面的创新期望为该领域的相关研究提供有价值的借鉴与参考。

第五节 教学实验研究结果

本节描述报告通过教学实验对三语习得有效路径模型进行实践检验的结果,研究方法与步骤如下。

教学实验开始前,两组学生分别被设置为实验组和控制组。实验对两组分别进行实验前测和实验后测,实验结束后对被试的测试成绩和影响因素的变化进行对比分析。在语言的"输入—加工—输出"路径中,学习者的考试成绩被视为是语言输出环节中一个重要的效果评价指标,但是除此之外,还存在着不可直接观察到的潜变量,如对目的语的兴趣、动机的变化等。因此,在教学实验结束后,研究者对实验组的英语学习兴趣、学习动机、语际迁移元意识、学习策略、管理策略等方面的变化进行了访谈。

第一部分：对比实验

1. 实验目的：实验旨在检验"三语习得有效路径"的效果。

2. 实验过程：

步骤（1）：开学初抽取两个大学二年级 L3 水平大致相当的三语学生（英语分班考试 C 等级）作为实验对象。先对他们的背景语言水平进行摸底，后期数据处理时做筛选以控制变量。设置一个班为控制组（59人），另一个班为实验组（56人）。控制组采用传统式教学模式，实验组采用"三语习得有效路径"为指导设计的教学模型。实验时间跨度一个学期。

步骤（2）：对控制组和实验组进行实验前测（Pretest）和实验后测（Protest），首先对两组前测的均值做独立样本 t 检验，如无显著性差异，则进入配对样本 t 检验，之后对后测的均值做独立样本 t 检验；如果对两组前测的均值做独立样本 t 检验发现有显著性差异，则需要对前测成绩加以控制，则进行 ANCOVA 分析。试卷采用统一水平考试试卷。

步骤（3）：运用社会统计学统计软件 SPSS19.0 对实验数据进行描述性分析和独立样本 t 检测，观察实验组与控制组之间的后测均值是否存在显著差异。如果存在显著性差异（$p<0.05$），说明三语习得有效路径模型对三语习得结果有显著影响；如果实验组和控制组之间的后测均值不存在显著性差异（$p>0.05$），说明三语习得有效路径对三语习得结果没有显著影响。

3. 教学设计案例：

对实验组的教学以"三语习得有效路径"模型为理论指导，围绕"学习动机"和"学习策略"两个预测性因素，设计以"情感因素"为驱动的多因素强化教学模式：强化情感因素（激发学习兴趣，调节学习动机）→ 优化学习者策略 → 扩大三语输入量 → 优化语言加工机制（促进语言正迁移）→ 提高语言学能 → 提高三语习得成效。

（1）强化情感因素：通过英文歌曲的学习激发学习兴趣与动机。

情感因素包括两个核心变量：认同与动机。认同包括对目的语和目的语文化的认同，歌曲是文化重要的表现形式之一。本书第七章情感因素描述性统计结果显示，被试对"英文歌曲"有浓厚兴趣，均值明显高于其他测度项。基于这一结果，实验设计中新的教学模式将英文歌曲作为激发学习者兴趣的切入点，通过歌曲的形式增强学生学习兴趣和动机。

第六章 三语习得有效路径的构建与验证

许多研究也表明英语歌曲可以有效提高语言学习者的语言学习兴趣,激发动机,对英语教学与学习是有效的辅助手段(王红,2000;邵玲,2005;王慧等,2008;郑双涛,2010;满蓉、王劲,2011;杜颖,2018)。在英语教学中使用音乐歌曲,可以促进人脑左右半球的共同协调,使英语学习成为愉悦的体验。王慧,黄莎,黎明(2008)通过讲授《经典英文歌曲赏析》课程对歌曲教学的效果进行了实证研究。研究结果证明,歌曲作为一种教学辅助形式能够有效增强学生学习兴趣,激发学生学习动机,提高教学和学习质量。歌曲的欣赏、歌词的朗读、歌词的记忆和翻译都有助于发展学生的听、说、读、写、译的语言技巧能力。邵玲(2000)基于学习兴趣、动机迁移理论,分析了英语歌曲教学的可行性和可操作性;通过一学期的英文歌曲教学的实验证明通过英文歌曲可以有效地将学生原有的兴趣、动机移到英语学习上。

基于第一阶段的研究发现和前人的研究结果,实验组所采用的新的教学模式将以英文歌曲(MTV 视频)和英文电影作为载体来教授词汇、句法、语法,训练学生的听力技巧(如,否定、弱读、连读等)、写作修辞手法技巧(如,排比、对仗、押韵、比喻)等,以增强学生的学习兴趣和学习动机。例如,教师利用歌词填空、歌词排序的方式训练学生听力;通过让学生模仿来矫正学生的发音;通过讲授连读规律,来训练学生的连读技巧;通过复述歌词大意,模仿造句的形式来训练学生的口语;通过讲解经典歌词、句式和修辞手法来教授词汇、语法和写作技巧。

(2)调节动机因素:树立优秀的榜样,刺激融合型动机。

本研究第一阶段影响因素的调查中发现,被试在"学习动机"因素中的 8 个测度项中"我学习英语是因为我想成为一个综合素质高的人"和"我学习英语是因为我很羡慕能说一口流利英语的人"两个测度项的均值明显高于其他测度项。这说明,英语口语好的人成为被试内心的榜样,他们希望自己能够成为其中的一分子。基于此结果,新的教学模式将树立优秀的榜样,以激发学习者的融合型动机,影响三语习得结果。

美国新行为主义心理学家 Albert Bandura(1988)指出,人的更普遍、更有效的学习方式是观察学习(observational learning)。观察学习指通过观察他人的行为及行为导致的结果而产生的替代性学习。观察学习的对象即示范性"榜样"或"偶像"。许多研究表明"榜样"能够对学习者的激励学习者的学习动机(周勇、董奇,1994;黄时华、邱鸿钟,2006;金娴,2011;李宗文,2012;吴钒、范舒敏,2016)。岳晓东(2004)

提出了具有指导性、示范性和激励性特点的偶像——榜样教育。这一教育理论的理念是强化对偶像的理论认识和心理认同,从而帮助被教育者将对偶像的敬仰化为自我成长的动力,强化榜样功能及榜样学习的替代性功能。

基于第一阶段的影响因素的调查结果和前人的研究结果,实验组新的教学模式利用Dörnyei的"理想自我"、Norton的"想象认同"和"想象共同体"的概念和"榜样功能"激发学习者融合型动机。具体方式为:第一,动机引导。在学期初,组织"我们为什么学习外语"的讨论,旨在引导学生树立积极的语言学习态度和内在、持久的融合型动机。第二,"榜样"策略。在学期中,通过"同伴榜样"和"成功者"榜样激发学生学习动力。如,讲述学生身边语言学习成功者的故事、表扬和奖励学习进步者。第三,榜样分享。播放历年参加全国"外研社杯"英语演讲比赛录像,并请本校获奖选手现场表演,之后学生找出自己与"榜样"之间的差距,制订学习目标与计划。每次课抽出几分钟请"同伴榜样"分享日常学习行为,以强化"榜样"的示范性功能。所树立榜样的类型分为学习态度型、学习策略型、学习优异型。

(3)优化学习策略。

第一阶段的影响因素调查结果显示,"学习策略"因素中的"我经常看英文电影"的均值明显高于其他测度项,其他测度项的均值从高到低依次为"课外主动英文阅读""课外主动英文交流"和"课外主动英文写作"。由于本研究数据分析显示"学习策略"是L3"低水平"向"高水平"转化的重要预测因素,因此新的教学模式将全面强化学习者的学习策略以促进三语习得结果。

为保证教学实验顺利进行,特开设第二课堂以保证实验活动的时间,活动包括英文影片赏析,创建主题英语角,口语学习交流群,分享日常口语,群内英文交流,英文绘本故事鉴赏(课后作业),写英文学习日记。

加强管理策略。学生制订计划、定期反省、自我激励、调整情绪,通过日记向教师汇报。学生在教师帮助下进行自我行为监控。

发挥背景语言因素优势,培养元语言意识。

以"三语语际迁移"为主题,通过学习者课堂讨论和专家讲座的形式培养学生语言迁移元意识,增加对目的语与背景语言关系的了解,缩小心理语言距离,增强对目的语的亲近感,促进语言正迁移。

第六章 三语习得有效路径的构建与验证

以上教学/学习环节的重心在于调节学习者学习动机、优化学习策略。具体的操作可以依据教学进展情况和实验组的配合情况作适当调整。本研究提出的三语习得有效路径突出预测性变量的重要性,在时间与精力有限的情境下,避免教学/学习无的放矢。路径模型提供规律与趋势,实践中具体的操作策略和形式不局限于以上方法。

第二部分:实验后访谈

随机抽取实验组的学生,约定时间和地点进行面对面地访谈。提前告知访谈的目的,打消被采访者的顾虑,以保证结果真实、客观。

一、实验研究结果

研究在某高校选取了同一水平分层(C 水平班)的两个班的少数民族学生作为样本进行三语习得有效路径模型的教学对比试验。

首先对实验组与控制组在学期初始进行了使用同一份试卷测试,对两组前测成绩的均值做独立样本 t 检验,数据分析结果显示两组实验前测平均分没有显著差异,我们只需要在学期结束时对比两个组的平均分即可判断实验组在使用了三语习得有效路径之后是否对成绩有显著提高。见表 6-27:

表 6-27 实验前测、后测对比分析 T 检验表

	Group	N	Mean	Std. Deviation	F	P
Pretest	实验组	57	78.12	13.28	0.143	0.914
	控制组	59	77.86	12.43		
Protest	实验组	57	75.96	9.25	3.682	0.210
	控制组	59	71.57	10.87		

从表 6-27 中我们看到,实验前控制组的平均分 M=78.12,Std.Devia-tion=13.28;实验组的平均分 M=77.86,Std.Deviation=12.43,两组的平均分有差异,但是标准差接近;F 值为 0.143,P 值显示为 0.914,大于 0.05,两组差异不明显。实验后,控制组的平均分 M=71.57,实验组的平均分 M=75.96;控制组标准差 Std.Deviation=10.87,实验组的标准差 Std.Deviation=9.25。F 值为 3.682,P 值显示为 0.210。两组存在显著差异。综合以上数据分析结果,我们看到实验后,实验组比控制组的成绩均值有较显著提高。

二、个体访谈结果

教学实验结束后,研究者在实验组随机抽取了6位受访者(3位女生,3位男生),对他们实验前后的情感因素(兴趣、动机)、语言因素、学习者策略影响因素的变化进行了访谈。

通过访谈得知,一个学期的教学实验后,6位受访者对英语的兴趣都有不同程度的增加。

受访者1原本就对英语感兴趣,但这个学期对英语更加感兴趣,在听英文歌曲和看英文电影过程中取得的成就感,促使她进一步深入学习英语。英文歌曲和英文电影提高了她对英语学习原本就有的兴趣。

"这个学期我对英语的兴趣增加了。以前也感兴趣,但是现在真的发现特别想把英语学好了。"

"我以前听歌没感觉,就只是听嘛。这学期,老师叫我们听歌词,还要写下来,刚开始觉得好难呀,根本听不懂,但是后面好一点了,至少认识的单词能听出来了,知道大概啥意思了,就特别开心(有了成就感,增强了学习的兴趣与动力),而且老师还分析歌词里的修辞,就觉得歌词写得挺好的,以前根本没注意歌词唱的啥(学习策略意识增强)。其实我发现英语歌也没有我原来想的那么难唱,反正能听懂一些了嘛,就想学唱一下(增加了语言输入途径)。还有就是以前偶尔会看一下英语电影的大片,但是看的时候,忍不住就看中文字幕了,不然一点也看不懂。现在看到英语电影时,就想知道是什么意思,就不像以前那样了,会先试着猜一下啥意思,听不懂了就看一下,慢慢地发现比以前能听懂一些了(增加了歧义容忍策略,增加了语言有效输入),就觉得挺好的。而且里面的有些句子觉得特别有用,生活中就可以用到。(增加了社会策略的使用)"(受访者1,女)

受访者2认为"英语本来就很有趣",但是教学实验阶段,她对英语的兴趣更加浓厚了,并且充分肯定了教学实验过程中所进行的多样化教学形式和使用的策略,这无形中扩大了语言的输入和学习者学习策略的使用。

"和以前相比的话(我对英语的兴趣)更加强烈。一是英语本身就很有趣,越学越让人喜欢。这个学期增加了好多比较有意思的英语活动,(学)英语歌曲呀,(看)动画片呀,(读)那个英语故事书(绘本)呀都

挺有帮助的。"(受访者2,女)

除了多样化的教学形式使她增加了学习英语的兴趣之外,榜样的作用对她的影响作用也不容小觑。

"我越来越认识到英语的重要性,别人都过四六级了,为什么自己还怕考试,自己心里清楚自己过不了,所以更激励我,越来越想赶上别人。那种竞争性也激励兴趣。"(受访者2,女)

通过她的陈述,我们可以看到"榜样"刺激了动机,动机对语言学习的兴趣也有影响。"榜样"是"理想自我"形象的塑造,是融合型动机的体现。融合型动机的强化会驱动学习者付出更多的努力,间接影响到学习策略,进而影响语言习得的结果,这种影响关系在文秋芳(1993)与柳鑫淼(2014)的研究中都有体现。

受访者2和受访者4将英语课与其他专业课程进行了比较,认为英语课令人放松。这种轻松愉快的感觉使她们对英语的兴趣更加浓厚。

"英语给人很舒服的感觉,不像我们的专业课,需要大量的时间学、背、记、刷题、害怕考试。考试出什么也不知道,英语不一样,只要会的话,什么样的题都能做,想说什么就说什么,所以让我觉得学英语解压。"(受访者2,女)

"与之前相比,我对英语的兴趣有提高。其实上英语课不像上其他课,感觉还是挺有意思的,比较轻松吧。但是自己的水平太低了,离四级水平还差好多。"(受访者4,男)

从对受访者3和受访者5的访谈中看出,英文歌曲和英文电影能够激发学生学习英语的兴趣,多样化多模态的语言教学使学生英语输入的形式更加丰富,激发了学生学习的欲望。

"我对英语学习的兴趣有提高。这个学期感觉英语课比以前有意思,不像以前光是背背单词。我挺喜欢看英语电影的,里面一些口语也可以学一学,不过说实话,要我听的话,还是听不太懂。英语歌也喜欢听,不过老师叫唱的时候不好意思唱,下面自己也跟着学呢。说的话,想说但是说不出来,英语角感觉也没时间去,专业课太多了。"(受访者3,男)

"我对英语学习兴趣提高了很多,这个学期增设了视听说课程,有了听力部分。老师还教英语歌,看英文动画片,还建了口语交流群,虽然我没怎么说,但是老师发的口语句子,我都每天打卡。这个学期的形式还是挺多的,我对这方面的学习很有兴趣。我很喜欢唱英文歌,通过一起在课堂上学唱英文歌,让我对英语的学习也更加感兴趣。"(受访者

5,女）

从对受访者6的访谈中得知,虽然他的英语水平比较低,但是通过教学实验阶段取得的进步,感受到了成就感,对英语的兴趣和重视度也有所增加。

"和以前相比我对英语的兴趣提高了。现在上了大二了嘛,在大一的时候啥都不会。现在知道背些单词呀,句子呀,对英语有了了解。每次看一些自己学会的单词,觉得很兴奋(有了成就感),然后继续学不会的单词。英语歌啥的我喜欢呢,不过感觉自己没有(音乐)细胞,不知道唱的啥,老师讲一下的话,也觉得能明白呢,不过再深点的话就不懂了,以前就没好好学过英语,也没重视。这个学期感觉(英语学习)还是挺重要的。"(受访者6,男)

访谈结果发现,以兴趣为驱动的三语习得语言习得路径模型为指导而设计的教学模式有效地提高了实验对象对L3学习的兴趣。

在6位受访者中,其中5位表示这个学期他们学习英语的动机都有了不同程度的强化,1位表示没有变化。

受访者1的融合型动机与工具型动机都得到了加强。她说:

"这学期结束了,我对英语的学习动机有很大的改变。以前也没啥目的,没想过为啥要学,反正有这门课嘛,考试能过就行了,再说专业课也特别忙,也没太重视。现在我感觉自己就是特别想学好这个语言,说出流利的英语,为未来打造基础吧。反正就觉得自己挺喜欢英语的,以后一直要学嘛,考研呀啥的都要用,嗯,更有目标了。"(受访者1,女)

从受访者1的表述看出,她以前没有非常明确的目标,重视程度也不够,只要考试能过就行。而现在兴趣增加了,从内心想学好英语。并且渴望能说一口流利的英语,对未来充满了期待与信心。

教学实验中,受访者2的融合型动机得到了强化,她非常羡慕英语学得好的人,榜样对她的动机起了较好的作用。她的"理想自我"是"更好的自己"。希望通过学习英语能够实现"理想自我"。从她的表述看出,她没有急功近利的工具型动机,不是为了近期或远期的某场考试而学习英语,她说英语已经融入了她的生活,成为她生活的一部分。

"这个学期的动机变得很清晰,以前我不太清楚我为什么要学(从众心理),每次都想假期学,但是自己还是控制不住自己。我特别羡慕那些英语学得好的人,尤其是口语好的人(榜样刺激了融合型动机),那个上课老师放的CCTV演讲比赛里的(获奖者)那个男生,我觉得特别师。我现在完全知道该怎么做,不能睡懒觉,不能多吃饭,会胖;要好好健身,爱护身体。学英语也像锻炼身体、按时吃饭等是一样的,是为了自己,为了自己变得更好,为了让自己拥有更多机会(融合型动机加强)。比如,平时唱首英文歌心情会变好,这已经成为我生活的一部分了。"(受访者 2,女)

受访者 3、受访者 4 与受访者 5 的工具性动机都得到加强。当受访者 3 看到班上其他同学通过了四级考试,产生了焦虑情绪和压力感,激发了工具型动机,希望自己也能够通过四级考试,并且有进一步深造的愿望。

"以前想好好学习英语,有好的口语。现在感觉基础太差了也说不出来,要把更多的时间用在基础上,先要通过四级考试吧,看别人过了,自己过不了着急。再有就是我想以后继续深造,因为学习本专业必须考研,必须过四级考试。"(受访者 3,男)

"这学期我学习英语的动机变化了。说实话,上了大二四级没过,有点儿担心,过四级算是一个动机吧。"(受访者 4,男)

"之前是为了期末不挂科而学,现在为了四、六级和考研而学。"(受访者 6,男)

6 位受访者中,只有受访者 5 表示学习英语的目的没有变化,依旧是因为喜欢英语和英语在以后的专业课程学习者中很重要,才想去学。

从以上访谈我们发现,6 位受访者中男生普遍工具型动机较强,并且在教学实验期间工具型动机增强,这与教师在教学实验期间强化动机有关,当然也与身边同学通过了四级考试,榜样给他们带来了动力和压力有关,也与随着学段的升高,自身对英语学习重要性的认识加深有关。

在教学实验期间教师有计划地培养实验组的语际迁移意识,6 位受访者都一致高度认同其少数民族语言与英语有不少相似的地方,主要体现在词汇、语音方面。教学实验期间有关语际迁移方面的知识使他们对语言迁移从感性阶段上升到理性认知的高度。但是,由于时间较短,研究尚未发现语际迁移理性认知的加强对 L3 习得产生显著影响。

学习者策略因素包括管理策略与学习策略。通过访谈发现,6 位受访者中,5 位的英语学习比以前更有计划性,并且有了明确的近期或远期的目标。1 位对英语学习的投入比以前更多,学习策略的使用也增多,但是使用的学习策略仍然比较局限,没有太大变化。6 位受访者的词汇策略使用都有较大改善,但在不同形式的学习中仍然不同程度地使用母语策略或媒介语(L2)策略。歧义容忍策略的使用比以前有所增多,但是效果没有预期好。虽然教师在实验期间进行了学习策略的指导,但是从访谈结果来看,没有达到预期的效果。这可能因为学习策略需要反复操练、熟悉、内化,最终形成自动化。显然,一个学期的时间对于学习者学习策略和学习习惯的养成还不够。

教学实验中,受访者1的管理策略加强,英语学习比以前有计划性,并且基本能够按照计划坚持实施。尤其在扩大词汇量和翻译方面计划完成较好,但写作与听说方面的训练暂时没有较好计划,这与她计划先打基础,抓词汇量有关。通过访谈得知,受访者1学习策略加强,对英语学习的投入增多,能按照授课教师的要求听并且学唱英文歌曲,看英文电影。词汇策略使用较好。

"这个学期我对英语投入的时间比以前要多,英语学习比以前要有计划,知道自己每天要做什么。几乎是每天坚持背单词,一个星期翻译一篇作文,写日记我做得不是太好,其实我不太喜欢写日记,就觉得挺麻烦的,而且觉得每天没啥可写的,反正每天就是这些,也没啥新的东西。可能我们的生活太枯燥了吧。听力和说的方面还没有进行训练,想着先从基础开始吧,词汇量要先上来。"(受访者1,女)

受访者2、受访者3、受访者4和受访者6都表示自己的英语学习比以前有计划,管理策略加强,学习策略使用增加。但是受访者2学习策略依然很单一,记忆词汇主要使用自然拼读和不断反复来记忆,母语策略使用较多。但主要是跟着授课教师的计划进行,课外主动学习较少。受访者3和受访者4基础比较薄弱,信心不足,有些计划不能如期完成。受访者5表示她在英语学习投入方面没有太大变化,但是学习策略有明显加强。

"以前的老师就是讲书本上的,我就背背单词吧,这个学期完全就是两个层次,老师讲的课外的东西挺多的,而且还讲了好多学习方法,一些背单词的方法我觉得挺有用的,现在长点的单词都可以记住了(强化了词汇策略,语言习得结果受到正面影响)。"(受访者5,男)

综上所述,访谈结果表明一个学期的教学实验后,实验组在三语习得的情感因素、语言因素以及学习者策略因素方面都发生了不同程度的向好变化。

第六章　三语习得有效路径的构建与验证

第六节　本章小结

　　本章基于文化认同(Culture)、背景语言(Language)、融合型动机(Motivation 1)、工具型动机(Motivation 2)、学习策略(SStrategy)、管理策略(MStrategy)六个潜变量测量模型,构建了"背景语言→文化认同"结构模型、"文化认同→学习动机→学习者策略"结构模型和"背景语言→学习动机→学习者策略"结构模型。研究结果显示,"背景语言→文化认同"模型与数据拟合度良好,结构模型成立,但是由于因变量被解释比例过低,该模型被剔除。"文化认同→学习动机→学习者策略"结构模型和"背景语言→学习动机→学习者策略"结构模型与数据拟合度均达到标准参考值范围。模型分析结果显示,"学习动机"为中介变量,"文化认同"对"学习动机"产生直接影响,并通过"学习动机"对"学习者策略"产生间接影响;"学习动机"对"学习者策略"产生直接影响;"文化认同"通过"学习动机"对"学习者策略"产生间接影响。综合本研究前期所有的量化研究与质性研究结果,本研究提出由"情感因素"为驱动的"三语习得有效路径"模型,并在教学实验中进行实践检验。教学实验结果显示,实验组与控制组在存在显著差异。综合以上数据分析结果,我们看到实验后,实验组比控制组的实验后测成绩均值存在显著差异;实验后访谈结果表明经过一个学期的教学实验,实验组在三语习得的情感因素、语言因素以及学习者策略因素方面都发生了不同程度的向好变化。以上研究结果证明"三语习得有效路径模型"成立。

第七章　研究结论、启示与建议

本章首先围绕三个研究问题列出了主要的研究结果与发现，阐述了本研究在学术观点、研究内容与研究方法方面的创新，并提出了研究结果对语言习得理论与实践方面的启示、研究的局限性以及对未来研究的建议。

第一节　研究的主要结果

本研究提出了三个研究问题，下文将围绕三个研究问题对主要的研究发现进行阐述，包括三语习得的主要影响因素有哪些，可控性影响因素有哪些，可控性影响因素对三语习得的影响作用如何，以及基于可控性影响因素变量组合的三语习得路径是怎样的。

一、研究问题一

本研究结合三语习得者的特点以及研究的需要，归纳了三语习得的主要影响因素，包括环境因素、语言因素、情感因素和学习者因素四个影响因素系统。各影响因素系统包含有自己的子系统。其中，环境因素包括宏观的教育环境和微观的语言学习环境；学习者因素包括年龄、性别、性格、学习策略和语言学能（语言学能指个人的智能、语言认知及信息处理能力）等；情感因素包括文化认同和学习动机两个方面；语言因素包括与语际迁移相关的因素和背景语言水平两个核心因素。

基于上述归纳的三语习得主要影响因素系统，研究归纳出了三语习

第七章 研究结论、启示与建议

得可控性影响因素变量组合,即情感因素(文化认同、学习动机)、背景语言因素(心理语言距离、语际迁移意识)和学习者策略因素(学习策略、管理策略),为构建三语习得有效路径模型确定了影响因素研究变量的框架。本研究将"文化认同"因素(包括对目的语言的态度,对目的语国家的饮食、习俗、文化艺术等的态度)、"背景语言"因素(包括语言的心理距离、语言的迁移意识、背景语言水平等)纳入三语习得影响因素与语言习得路径之间的关系研究,突破了该领域原有的影响因素研究的框架。

二、研究问题二

本研究调查了三语习得过程中三个方面/六组可控性影响因素,即情感因素(文化认同、学习动机)、背景语言因素(心理语言距离、语际迁移意识)和学习者策略因素(学习策略、管理策略)对高校少数民族三语生三语习得的影响,描述并分析了各组因素之间的关系,并对L3"高分"者与"低分"者进行了个案研究。研究发现如下。

心理语言距离对第三语言的学习有明显帮助,这为三语习得研究中心理语言距离与语言正迁移的关系提供了实证依据;目的语文化认同对三语习得的影响更多是以对歌曲,电影等艺术形式的兴趣方面表现出来,这一结果从实证层面为国内许多以英文歌曲作为手段来激发学生语言学习兴趣的研究提供了佐证(张小红,1998;王红,2001;王慧、黄莎、黎明,2008;邵玲,2005;郑双涛,2010;杜颖,2018)。研究还发现,学习策略对第三语言(L3)水平的影响强度最大;其次是管理策略,学习策略和管理策略的不足会使语言学习的效果大打折扣。

三语习得的影响因素是一个相互关联的有机的动态系统,它们共同作用于三语习得的结果,这证明了动态系统理论(DST)在三语习得领域应用的正确性,为动态系统理论在三语习得研究领域的应用提供了理论依据。

三语习得可控性因素不仅处在动态系统之中,而且各组因素与三语习得水平的关系强度不同。研究结果显示,几组可控性影响因素与L3水平的关系强度排序依次为:学习策略 > 管理策略 > 融合型动机/工具型动机 > 文化认同 > 背景语言。这一结果从一定程度上回答了诸多影响因素的作用孰重孰轻的问题。学习策略对三语习得结果的影响最为显著。这一结果印证并补充了文秋芳(1993)和柳鑫淼(2014)研究中"学习策略"是影响二语习得结果的直接因素这一结论,也填补了国内三语习得领域研究的相关空白。但是,需要说明的一点是,这一研究结果源于高校少数民族三语生这一被试群体,是否能够推及其他群体,还有待更多后续的研究。

工具型动机与学习策略对 L3 水平从"低水平"向"高水平"转化具有显著的预测作用。因此,在基本路径上强化三个方面的六组可控性影响因素,尤其是强化学习策略因素,调节工具型动机因素会带来更好的三语习得结果。本研究利用数学建模的方式分析语言水平从低水平向高水平转化的预测因素,在方法上为相关领域的研究提供了借鉴。

国内外研究者都对语言习得的预测因素有过研究。如,性别和既得背景语言水平对语言考试成绩有明显的预测能力(文秋芳,1993;1996);认为语言学能和动机对于语言学习的结果具有预测作用(Gardner,1985);二语习得者的智力水平、认知能力、语言学能、语言能力等影响因素对语言习得的成效有一定的预测作用(Spolsky,1989)。但这些预测因素多具有生理遗传特性,是不可控或不可调节的相对稳定的因素,虽然它们对语言习得结果具有一定的预测作用,但是学习者与教学者都很难通过这些因素对语言习得的结果进行干预。本研究以可控性影响因素变量组合为基础,通过建立 Logistic 回归模型的方式分析计算出对 L3 水平转化具有预测作用的可控性影响因素,为该领域的研究提供科学的数据支持。

"低分"者与"高分"者的个案研究结果显示,"高分"者对 L3 的表现出更浓厚的兴趣、更强的融合型动机,学习策略更丰富,语言学习的经验和认识能力更强,自我管理监督更好。这说明 L3"高水平"者与"低水平"者在三语习得可控性影响因素变量组合上表现出明显差异,这一结果与本研究的量化研究结果一致,这里为之做了有力的补充。

三、研究问题三

基于调查研究结果,研究提出在语言习得基本路径之上强化可控性因素的作用,尤其是强化对提高 L3 水平具有预测作用的因素,构建了三语习得有效路径模型并在教学实验中进行应用效果的验证。

研究发现,基于可控性影响因素的三语习得语言习得路径中,"学

第七章 研究结论、启示与建议

习动机"为中介变量,"文化认同"对"学习动机"产生直接影响,并通过"学习动机"对"学习者策略"产生间接影响。"学习动机"对"学习者策略"产生直接影响;"文化认同"通过"学习动机"对"学习者策略"产生间接影响。

综合本研究前期所有的量化研究与质性研究的结果,本研究提出由"情感因素"为驱动的"三语习得有效路径"模型。教学实验结果显示,实验组比控制组的实验后测成绩均值存在显著差异;实验后的访谈结果表明。经过一个学期的教学实验,实验组在三语习得的情感因素、语言因素以及学习者策略因素方面均发生了不同程度的向好变化。以上研究结果证明"三语习得有效路径模型"成立。

为了保证结构模型的可靠性和稳定性,研究首先依据"文化认同""背景语言""工具型动机""融合型动机""管理策略"和"学习策略"六个潜变量构建了相应的六个测量模型并进行了修正,接着在六个稳定可靠的测量模型基础上,构建了"三语习得有效路径模型",模型如图6-17所示。

本研究构建的"三语习得有效路径模型"强调可控性影响因素的调节作用,但并不意味着对其他影响因素的忽视。三语习得有效路径处于一个复杂动态的影响因素系统之中,影响因素中既有相对活跃的因素,也有相对稳定的因素;依据控制主体的不同,既有可控性因素也有不可控性因素;对于三语习得的结果,既有直接影响因素也有间接影响因素;既有作用较强的因素也有作用较弱的因素。然而,不管如何分类,整个影响因素系统内部都相互关联。因此,我们应该强化各组影响因素的正面影响作用,以使三语习得有效路径最大限度地发挥作用。

首先,我们需要立足长远的区域性发展规划,优化地区性语言政策和教育模式,充实配套师资;开发特色语言教材,设置合理语言课程,做好各学段教学模式和教材的衔接,从宏观上优化语言教育环境,为提高语言习得效果提供有力保障。

其次,本研究强调强化个人主观情感因素的正面影响,从而增强目的语学习的动机。充分利用不同类型的动机作用激发学习主体的学习兴趣和欲望。因为强化动机会扩大语言的输入量,三语输入量的加大会激发语际间的语言迁移的活跃度。加强学习者对语际迁移的认知,树立利用语言正迁移促进目的语学习的意识,有助于降低学习难度。

最后,优化语言加工机制。相比其他环节,语言加工机制较为稳定,但受到语言学能的制约。学习者背景语言不断熟练,会增加学习者的语言体验,丰富语言学习经验,促成语言学能的提高;通过对语言学习者元语言意识的培养和语言迁移意识的强化,有助于调节不同语言间的语言心理距离,促进有意识或无意识的语际正迁移,降低语言学习难度;学习策略的丰富与改良加之管理策略的有效跟进以及语言环境的改善可以有效地提高学习者的语言学习效果。语言加工机制的优化,语言学能的提高对第三语言的习得成效起着关键作用。

Dörnyei(2009)指出,二语习得影响因素动态系统十分复杂,有许多难点需要突破,如在诸多因素中找出重要影响变量最佳组合以及在其影响下可以预测的结果,寻找不同组合体可能引发的典型的结果样式(戴运财、王同顺,2012)。杨学宝、王坤邦(2017)指出,现有的三语习得模型缺少对影响因素的影响作用以及动态关联作用的分析,针对这些研究缺憾他建议用动力学、数学建模、计算机模拟等跨学科方法和手段来解决。本研究从三语习得可控性影响因素变量组合入手,使用统计分析、数学建模等方法构建了三语习得有效路径,并用实验法进行效果检验,弥补了现有研究的不足。

早期的二语习得模式理论侧重于分析二语习得的心理认知过程,对于影响因素的理解处于静止和孤立的状态。20世纪末期,动态系统理论(DST)引入二语习得研究领域,越来越多的学者开始用动态系统的观点去看待二语习得过程以及其所受到的影响。但大多数学者将研究的重心置于影响因素系统内部的动态关系上或影响因素与二语产出的关系上,忽视了语言习得路径的完整性。

以往对二语习得模式的研究分为对模式构成成分的研究、对影响因素之间关系的研究以及影响因素对学习成绩的影响研究。语言的路径"语言输入—语言加工—语言输出"具有线性特征,其影响因素具有发散性特点,但二者是不可分割的整体,共同促成了语言习得的"产出"结果。本研究对语言习得路径与影响因素进行了综合研究,是对语言习得的认知心理学派与社会文化学派的深度整合。

二语习得相关研究领域存在的问题在新兴的三语习得领域中显然也是个全新的问题。本研究坚持用动态的、系统的、全面的、整体的、发展的观点来研究语言习得的过程,提出并验证了影响因素之间的关联互动性,强调了各影响因素不仅协同作用于三语习得的输出环节,还协同作用于"语言输入—语言加工—语言输出"整条路径。基于语言习得"语言输入—语言加工—语言输出"的基本路径以及可控性影响因素变量的组合,本研究构建了三语习得有效路径模型,开辟了三语习得研究领域的新视角。研究成果丰富了三语习得的理论,也为二语习得研究领域的相关问题提供了有价值的参考。

杨学宝、王坤邦(2017)指出,现有的三语习得模型研究都以印欧语系为背景,寻找三语习得的普遍性和特殊性规律是当前三语习得研究的重要使命之一,跨语系的三语习得研究以及反映三语习得的普遍性和特殊性规律的三语习得模型的构建是突破当前研究局限性的可能途径。

本研究对高校少数民族三语生三语习得现状及所受到的可控性影响因素进行了调查与分析。在数据分析的基础上,构建了三语习得有效路径模型,旨在通过对高校少数民族三语生三语习得的研究,发现一条具有共性特征的三语习得有效路径,为三语习得理论研究做有益补充,为三语习得实践提供指导;为三语或多语者的学习,三语或多语人才的培养提供有效途径;为少数民族的三语习得者,也为各民族学习多种语言,多种外语学习提供研究思路;为三语习得研究者提供参考。

语言习得研究自开始以来,社会心理与社会文化两大学派就形成了对峙的局面。语言习得模式研究侧重对学习者的认知心理过程进行研究,而语言习得的影响因素研究则侧重对影响因素变量之间的关系或影响因素对语言习得产出结果的影响作用进行研究。虽然近年来两大学派有融合的趋势,但是在实践研究中依然各持其重,未见有深度的融合。

三语习得影响因素及有效路径的研究整合了认知心理学派与社会文化学派的研究成果,在三语习得研究的观点、内容和方法方面都做了有益的尝试。首先,本研究坚持用动态的、系统的、全面的、整体的、发展的观点来研究语言习得过程。现有的语言习得影响因素或模式的研究大都着眼于影响因素系统内部的关系或影响因素与语言习得产出的关系上,学者们大都将所有影响因素的作用方向指向语言输出环节,忽略了语言输入环节和语言加工机制受到的影响,割裂了语言习得路径的完整性和语言习得过程的系统性。本研究将"语言输入—语言加工—语言输出"这一线性的语言习得路径视作一个整体的观察因变量,即结果变量。虽然语言习得各种影响因素都与语言的输出有相关关系,但是影响作用的指向应包括语言输入环节和语言加工环节,而不仅仅是语言的输出环节。语言习得的过程是认知心理过程与外界不断互动的过程,各种影响因素不仅包括认知心理方面的,也包括社会文化方面的,本研究是对语言习得研究领域中认知心理学派与社会文化派更深度的整合。其次,本研究结合研究对象的特点对影响三语习得的可控性影响因素变量进行了重组。除了强调学习动机、学习策略因素对三语习得的影响外,还增加了对"背景语言水平""语言迁移意识""语言心理距离""文化认同"等因素对三语习得过程影响作用的分析,突破了现有的三语习得影响因素研究框架。再次,本研究利用统计分析与数学建模的手段对可控性影响因素的作用强度进行了分析,对三语习得水平转化的预测因素进行了提取,从心理认知与社会文化的视角,丰富了三语习得影响因素的研究内容,利用跨学科领域的研究方法,解决了语言习得研究领域存在的一些困惑。最后,本研究首次从三语习得可控性影响因素变量组合入手,对三语习得影响因素变量间的关系和作用路径进行研究,采用了量化研究与质性研究相结合,问卷调查与个体访谈相补充,SPSS多变量分析与AMOS结构方程模型路径分析相结合,理论建模检验与教学实验验证相印证,大样本调查与典型个案研究兼顾的混合方式进行,丰富了三语习得的研究方法。

　　本研究成果具有重要的理论意义与实践意义。长期以来语言习得的成效研究缺乏系统的理论指导,本研究整合了语言习得认知心理学派和文化学派的研究成果,结合三语习得的特点,将背景语言因素方面的语言心理距离、语言迁移意识以及文化认同因素纳入三语习得可控性影响因素框架,在语言习得的基本路径("语言输入—语言加工—语言输出")之上,构建了三语习得的有效路径模型,丰富了三语习得的理论,为提高三语习得成效提供了理论依据和实证参考。

　　在三语教学与学习的实践中,影响因素庞杂。究竟从何处入手才能抓住关键点,有效提高三语习得的水平,一直是令三语教育者和三语学习者困惑的问题所在。因此,厘清三语习得主要影响因素的作用和路径,有的放矢地强化弱点,补齐短板,用科学的理论去指导教学与学习,才会避免各种资源的盲目投入。三语习得有效路径模型的构建基于二语习得模式理论、动态系统理论、神经语言学和心理学的相关理论,以及本研究三个阶段的研究数据分析结果的基础之上。此路径模型强调以情感因素驱动第三语言(L3)的教学和学习,在全面加强六个维度的可控性影响因素正面影响的基础上,着重对学习者的学习动机进行调节,对学习者策略进行培养。做到第三语言(L3)的教学与学习有的放矢,产生事半功倍的效果。

三语习得有效路径的应用能够促进三语习得生成,优化三语习得结果,提高三语习得成效,为三语教学改革提供理论依据和实证参考,为三语教学者提高教学成效提供理论指导,为三语学习者提高学习成效提供有效途径。

第二节 启 示

本研究的结果对三语习得既有理论方面的启示也有实践方面的启示。下文从理论与实践两个方面进行阐述。

一、理论启示

启示一:语言习得的社会心理认知派与社会文化学派有待进一步深度整合。近年来语言习得领域认知心理学派与文化学派虽然在观点上有融合的趋势,但是在研究实践中依然各持其重。认知心理学派仍然以研究语言的加工机制为主,社会文化学派仍然以研究影响因素为主。即便是语言习得影响因素与语言水平关系的研究,也大多与语言习得路径的某一个孤立的环节结合,将所有影响因素的作用指向语言输出环节(如文秋芳,1993;柳鑫淼,2014),这忽视了语言习得路径的整体性与语言习得影响因素的系统性,缺乏语言习得过程的整体观。本研究整合了社会心理认知派与社会文化学派的观点与研究成果,对语言习得路径与影响因素做了综合研究。坚持用动态的、系统的、全面的、整体的、发展的观点来研究语言习得过程,将"语言输入—语言加工—语言输出"这一线性的语言习得路径视作一个整体的观察因变量,有利于观察语言习得生成的全貌。

启示二:目的语文化认同因素与背景语言因素在语言习得研究中不容忽视。早期的语言习得影响因素的研究主要是二语习得单变量影响因素,后来过渡到二语习得多变量因素,研究主要集中在学习者个体差异因素之上(如,文秋芳,1993;柳鑫淼,2014),其中对于语言因素的研究大都一笔带过。现有的三语习得影响因素的研究有关语言因素的研究较多,这主要与三语习得的特点有关,毕竟三语习得与二语习得的差异主要体现在语言因素上。在三语习得中,背景语言因素对 L3 语言的有效输入与认知加工有重要的影响作用,文化认同因素与学习动机的关系研究也早在 20 世纪 70 年代就开始了,但以上两个因素在已有的三语习得研究中鲜有人问津。本研究将文化认同因素与背景语言因素视为影响三语习得路径的影响因素变量,并证明了它们的重要性,扩充了现有三语习得影响因素与语言水平关系研究的框架。

启示三:提高语言习得成效应该以可控性影响因素变量组合为"把手"。影响三语习得的因素很多,只有以可控性影响因素为切入点,才可能实现对语言习得过程的调控。本研究归纳了三语习得的主要影响因素,并将影响因素分为可控性因素和不可控性因素,以三语学习者为研究对象,研究了可控性影响因素对他们的影响作用,首次在三语习得领域以可控性影响因素变量组合来研究语言习得的路径问题。

启示四:动态系统理论(DST)在三语习得研究中有重要作用。本研究证明三语习得影响因素处在动态的关联的系统之中,每一个因素的变化都会使整个系统发生变化,对三语习得结果产生影响。因此,本研究强调各组因素的协同作用,并通过对各组因素正面作用的积极强化来提高语言习得的效果。本课题研究三语习得的影响因素与路径,其中概括了学习者可控性因素,包括情感因素(文化认同、动机)、背景语言因素、学习者策略。虽然以上每组因素起的作用不同,作用的强度不同,但是所有的影响因素对语言习得路径的过程都起到调节作用,对语言习得的结果产生重要影响。因此,在实践中重视各方面影响因素的协同作用,并着力强化对语言水平提高有预测作用的影响因素的作用,会对语言习得成效的提高产生积极的促进作用。

二、实践启示

启示一:本研究对高校少数民族三语生三语习得现状调查结果显示,少数民族地区高校外语教师师资力量十分匮乏,并且该问题一直得不到很好的解决。近年来,随着少数民族地区高校逐年扩招双语生,所有专业的学生也都必须学习外语,这使得外语教师面临更大的压力。本研究认为要想改变现状,除了语言研究者和教育者需要投入更多的力量

第七章 研究结论、启示与建议

对提高三语习得成效做出更多的努力外,少数民族地区的外语教育还应该从语言教育政策层面做出大刀阔斧的改革。少数民族学生首先应该学好国家通用语言,具备基本的个人发展能力,在此基础上可以依据个人的兴趣,自愿选择学习第三种语言。这样既可以避免常年费时低效的投入,缓解各方面压力,也可以集中优势力量培养国家所需的高、精、尖多语人才。

启示二:背景语言因素在三语习得中起到十分重要的作用,因此学好国家通用语言对于少数民族学生学习外语十分重要。本研究发现,高校少数民族三语生在心理上对其本民族语与正在学习的第三语言英语(L3)之间的心理语言距离比较近,并且他们认为其本民族语 L1 比国家通用语言 L2 对其学习 L3 的影响更大。然而,我国的外语教材大都使用国家通用语言和 L3 进行编写,国家通用语言的水平直接会影响到少数民族学生的 L3 水平。因此,学好国家通用语言对于少数民族大学生外语的学习十分重要。

启示三:建立少数民族外语水平考试,有利于强化学习者的工具型动机,提高学习成效。高校少数民族三语生的融合型动机与工具型动机与 L3 水平的相关系数相同,这说明无论是融合型动机还是工具型动机对 L3 水平的作用都很重要。本研究结果显示,工具型动机是重要的三语水平转化的预测因素之一,调节工具型动机可以有效地提高三语习得效果。但是,目前全国尚无针对少数民族三语生的区域性或全国性的外语水平考试体系,现有的国家公共英语等级考试标准过高。因此,基于少数民族外语学习的现状,本研究认为应该及早建立针对少数民族的外语水平考试,这样才有利于强化学习者的工具性学习动机,促进三语习得生成,优化三语习得的结果。

启示四:男女有别,因材施教。本研究差异性分析结果发现男女生除了在学习策略方面没有显著性差异外,在文化认同、背景语言因素、融合型动机、工具型动机、管理策略因素方面都存在显著差异。这说明在语言学习过程中,男女不同性别所受到的影响差异是显著的,多方面的,强度也是不同的。文秋芳(1996)的研究也发现性别在语言习得方面是一个重要的影响因素,并且女性的语言能力普遍强于男性。因此,这也要求教师对于男女生的教学方式应该有所区别,有的放矢地进行教学方可提高语言的教学成效;从学习者角度来看,男女生应该针对自己的性别特点扬长避短,提高学习成效。

启示五:三语习得有效路径模型可以为三语习得者和教学者提供理论的指导。三语习得有效路径模型的构建基于可调控的因素影响因素之上,这为语言的学习者与教学者圈定了时间与精力投放的"焦点",避免了低效或无效时间与精力的投入。对于三语习得者,三语习得有效路径提供了一个自主学习效果强化的路径,三语习得者在实践中需要客观地分析自己的情况,依据自己的特点扬长避短,最大程度地优化自己的学习过程从而产生最优化的语言学习结果。对于语言教学者,三语习得有效路径模型揭示了三语习得过程的内在规律,为其教学提供方向性的理论指导,在教学中可依据教学对象的不同而"有的放矢",从而取得更好的教学效果。

启示六:三语习得有效路径模型亦为少数民族国家通用语言和对外汉语的教学实践提供理论指导。有研究显示文化认同与语言水平呈正相关(高一虹,2003;任育新,2008)。对在华留学生的文化认同与语言水平的研究结果显示,在华留学生的语言学习以对中国文化感兴趣的"融合型"内在动机驱动为主,文化认同与语言成绩显出较强正相关(王爱平,2004)。可见,以情感因素(文化认同/兴趣、学习动机)为驱动的三语习得有效路径模型也适用于少数民族国家通用语言和对外汉语的教学与学习实践。

最后,本研究需要强调一点,文化认同因素被作为一个主要可控性影响因素列入了本研究的影响因素研究框架,调查结果发现,被试对目的语文化的认同与兴趣主要表现在对目的语歌曲和电影等艺术形式上。因此,作为教育者,我们应当正确引导学生的价值取向,必须有选择地选取教学手段与资料,帮助学生树立对中华文化的自信,避免背道而驰。

三、局限性

由于三语习得影响因素十分庞杂,本研究的结果很难囊括所有的因素和所有的环节。本研究是语言习得路径与影响因素的综合研究,对于路径的定义限于基本的路径,即语言输入—语言加工—语言输出的环节,也即最简模式。后来的研究者将该路径进行了细化与扩展,增加了吸收、整合、自动化、互动、反馈等。但本研究认为吸收、整合、自动化环节都是语言加工的"黑箱"环节,受到语言学能的影响,因此在路径中作

第七章　研究结论、启示与建议

为"语言加工"环节来概括,没有细化列出。互动与反馈环节是在语言输出环节完成后与外界环境进行信息互换而产生的环节,本研究认为互动会产生新的输入与输出过程,反馈是对语言输出结果的假设与验证的评断过程,实施的主体发生了变化,接受反馈之后的调整则引发"继生"的新的一轮输入、加工、输出过程。因此,本研究的语言习得路径限于最基本的经典语言习得路径。影响因素的作用随时随地都在发生作用,语言习得路径的所有环节,包括已经定义的、尚未定义的都受其影响。

本研究提出的三语习得有效路径处于复杂的动态关系中,从客观实际来讲很难用静态的、简单的、单向的线性关系来表现。本书中的路径模型示意图仅仅展示了可控性影响因素之间,以及影响因素与三语习得最简路径之间的部分主要关系。而在实际中,各种因素之间的关系以及与最佳路径之间的关系一定都是双向甚至是多向的。

本研究对三语习得的可控性影响因素进行了初探,尝试建立语言有效路径模型以提高学习和教学成效。通过验证,该模型能够解决一些问题,但是任何一种模型都不是万能的,甚至有许多不足。例如,它的提出基于特定地域的特定对象群体,群体具有个性化特征,将之应用于其他的群体,至于其他的时间和空间,结果可能是不同的。毕竟语言习得的影响因素是包罗万象、纷繁复杂的,并且处于一个多维的动态系统之中,我们需要用动态发展的视角去看待研究的结果。

三语习得有效路径模型是理论指导,其应用的效果还有赖于具体的教学模式设计与实施,因此,三语习得的最终结果一定程度上还受限于授课教师理论应用于实践的能力。三语习得语言习得路径模型的构建以可控性影响因素变量的组合为基础,调节该组合的影响作用,使之达到最优化的结果,这是我们所致力的目标。毕竟,三语习得的结果取决于整个复杂的动态系统的协同作用。

第三节　建　议

国外三语习得研究始于 20 世纪 80 年代末期,国内三语习得研究始于 20 世纪 90 年代中后期,尚未形成较为成熟的理论体系(杨学宝、王坤邦,2017),可研究的空间很大。随着国家一带一路倡议的提出,国家语言能力研究逐渐成为语言研究者们关注的热点,多语人才的培养也将成为国家语言能力提升的重要途径,三语或多语的教育教学研究日益凸显重要性。

  本研究是三语习得有效路径与影响因素的综合研究,为三语习得的研究开辟了一个新的视角,由此而衍生的研究十分丰富。今后的研究可以在研究内容、研究方法、研究对象等方面继续深化。例如,在本研究 AMOS 结构方程模型中,"学习动机"为中介变量,作用于"学习者策略",并通过"学习者策略"作用于"语言输入—语言加工—语言输出"整条路径,然而现有的研究包括本研究都主要聚焦于各影响因素对语言习得路径部分环节,如"语言输出"环节的影响,尚未对"语言输入"和"语言加工"环节进行更深层次的研究。语言加工机制虽然一直被认为是"黑箱"中的心理认知过程(Ellis,1994),无法通过可视化手段直接观察,但是随着语言学跨学科领域研究的发展,"黑箱"中语言加工的过程研究也取得突破性的进展。未来的研究可以对"语言加工"机制采用认知心理学的 ERP 实验方法和神经语言学中的 fMRI 功能磁共振成像方法进行实验,来观察影响因素(如,"情感因素")对语言加工过程的影响。在内容上未来研究的方向也可以锁定在对三语习得基本路径的后继环节上,如:互动、反馈等环节进行影响因素的研究。此外,由于三语习得影响因素及路径研究既具有共性的特征也具有个性化的特点,本研究的研究对象为高校少数民族三语生,研究结果是否适用于其他地区的三语学习者,或者学习第二外语的三语者,还需要进一步的探讨和研究。研究对象的变化、地域的变化、时空的变化给研究的结果都会带来许多的不确定性,因此期待更多的语言习得研究者在三语习得领域取得更多的研究成果,充实三语习得的理论,为三语习得实践提供指导,为我国三语或多语的研究填补空白,为国家语言能力的提高助力。

参考文献

[1] Anderson, N.Individual Differences in Strategy Use in Second Language Reading and Testing[J]. Modern Language Journal, 1991, 75, 460-472.

[2] Albert Bandura. Self-efficacy Conception of Anxiety[J]. Anxiety, Stress & Coping, 1988, 12.

[3] Albert, Á.Learner Creativity as a Potentially Important variable: Examining the Relationships between Learner Creativity, Language Aptitude and Level of Proficiency[A]. In M. Nikolov & J. Horváth (Eds.).UPRT 2006: Empirical studies in English applied linguistics[C] . Pécs: Lingua Franca Csoport, 2006, 7798.

[4] Bardel C. and Sánchez L. The L2 Status Factor Hypothesis Revisited: The Role of Metalinguistic Knowledge, Working Memory, Attention and Noticing in Third Language Learning[A]. In: Angelovska T and Hahn A (eds) L3 Syntactic Transfer: Models, New Developments and Implications[A]. Amsterdam: John Benjamins, 2017: 85-102.

[5] Bardel C. and Falk Y. The L2 Status Factor and the Declarative/Procedural Distinction[A]. In: Cabrelli Amaro J, Flynn S, and Rothman J (eds) Third Language Acquisition in Adulthood.[C] Amsterdam: John Benjamins, 2012: 61-78.

[6] Bardel C.Falk Y.The Role of the Second Language in Third Language Acquisition: The Case of Germanic Syntax[J].Second Language Research, 2007 (4): 459-484.

[7] Bao Lianqun. Language Use and Language Attitude of the Dorbed Mongolia in Heilongjiang[J].The Journal of Chinese

Sociolinguistics, 2007, 2, 117-129.

[8] Birdsey L. A Framework and Language for Complex Adaptive System Modeling and Simulation[C]// Winter Simulation Conference. IEEE, 2016.

[9] Brown, B.D. "Affective Variables in Second Language Acquisition"[J]. Language Learning, 1973, 23/2.

[10] Bialystok, E.A Theoretical Model of Second Language Learning [J].Language Learning, 1978, (28): 69—84.

[11] Carroll.J.1981.Twenty-five Years of Research on Foreign Language Aptitude[A].In K.Diller (ed.), 1981.

[12] Cenoz, Jasone. The Influence of Bilingualism on Third Language Acquisition: Focus on Multilingualism[J]. Language Teaching, 2013, 46 (01): 71-86.

[13] Cenoz, Jasone. Bilingual and Multilingual Education: Overview[M]// The Encyclopedia of Applied Linguistics. Blackwell Publishing Ltd, 2012.

[14] Cenoz J.The Role of Typology in the Organization of the Multilingual Lexicon[C].// Cenoz J, Hufeisen B, Jessner U.The Multilingual Lexicon. Springer Netherlands, 2003: 103-116.

[15] Cenoz J.The Effect of Linguistic Distance, L2 Status and Age on Cross-linguistic Influence in Third Language Acquisition[C].// Cenoz J, Hufeisen B, Jessner U.Cross-lingual Influence in Third Language Acquisition: Psycholinguistic Perspective. Cleverland: Multilingual Matters Ltd, 2001: 8-20.

[16] Covington, M.V.& C.L.Omelich "I knew it cold before the exam: A test of the anxiety blockage hypothesis"[J].Journal of Educational Psychology, 7/2. 1987.

[17] David B. Plasticity, Variability and Age in Second Language Acquisition and Bilingualism[J]. Frontiers in Psychology, 2018, 9: 81.

[18] De Angelis G.Inter-language Transfer on Functional Words[J]. Language Learning, 2005 (3): 379-414.

[19] De Angelis, G. Third or Additional Language Acquisition[M].

Clevedon: Multilingual Matters, 2007.

[20] De Bot, K. A Bilingual Production Model: Levelt's Speaking Model adapted[J]. Applied Linguistics, 1992 (13): 1-24.

[21] De Bot, K. 2004. The Multilingual Lexicon: Modelling Selection and Control [J]. International Journal of Multilingualism. 2004 (1): 17-32.

[22] Dörnyei, Z.The Social Psychology of the Language Learner Individual Differences in Second Language Acquisition[M]. Mahwah, NJ: Lawrence ErLraum Associates, 2005.

[23] Dominique, P. Rauch, et al. Metalinguistic Awareness Mediates Effects of Full Biliteracy on Third-language Reading Proficiency in Turkish-German Bilinguals[J]. International Journal of Bilingualism, 2011.

[24] Duff P.A.The Discursive Co-construction of Knowledge, Identity, and Difference: An Ethonography of Communication in the High school Mainstream[J]. Applied Linguistics, 2002, 23 (3).

[25] Dulay, Marina Burt. A New Perspective on the Creative Construction Process in Child Second Language Acquisition[J].1974, 242.

[26] Eisenstein, M.Childhood Bilingualism and Adult Language Learning Aptitude[J].International Review of Applied Psychology, 1980, 9: 159-174.

[27] Ellis, G. & Sinclaire, B.Learning to Learn English: A Course in Learner Training . (Teacher's book)[M].Cambridge University Press, 1989.

[28] Ellis, R.The Study of Second Language Acquisition (1st Ed.) [M]. Oxford: Oxford University Press, 1994.

[29] Ellis, R.The Study of Second Language Acquisition (2nd Ed.) [M]. Oxford: Oxford University Press, 2008.

[30] Fouser, R.Problems and Prospects in Third Language Acquisition Research[J].language Research, 1995 (31).

[31] Gardner.R.Social Psychology and Second Language Learning: The Role of Attitude and Motivation[M].London: Edward

Arnold,1985.

[32] Gardner, R. C., & Lambert, W. E. Attitudes and motivation in second language learning. Rowley, MA: Newbury House Publishers,1972.

[33] Ganschow L., Sparks R. L., Javorsky J., Pohlman J., Bishop-Marbury A. Identifying Native Language Difficulties Among Foreign Language Learners in College: a "Foreign" Language Learning Disability?[J]. Journal of Learning Disabilities,1991,249.

[34] Gass, S. and L.Selinker.Second Language Acquisition: An Introductory Course[M].New York: Routledge,2008.

[35] Gass S. M., Mackey A, Pica T.The Role of Input and Interaction in Second Language Acquisition[J]. Modern Language Journal, 2011, 82（3）: 299-307.

[36] Gessica de Angelis. Third or Additional Language Acquisition. Clevedon, UK, Multilingual Matters Ltd,2007.

[37] Green, D. Mental Control of the Bilingual Lexico-semantic System[J]. Bilingualism: Language and Cognition, 1998（1）: 67-81.

[38] Green, D. Control, Activation and Resource: A framework and a Model for the Control of Speech in Bilinguals [J]. Brain and Language, 1986（27）: 210-223.

[39] Grigornko E. L., Sternberg R. J., Ehrman M. E.A Theory-Based Approach to the Measurement of Foreign Language Learning Ability: The Canal-F Theory and Test[J].The Modern Language Journal,2000,84（3）: 390-405.

[40] Grosjean, F.Studying Bilinguals: Methodological and conceptual issues[J]. Bilingualism: Language and Cognition, 1998（1）: 131-149.

[41] Grosjean, F. The bilingual's Language Modes[A]. In J. Nicol（ed）, One Mind, Two Languages: Bilingual Language Processing[C]. Oxford: Oxford University Press, 2001: 1-22.

[42] Hammarberg Björn.Processes in Third Language Acquisition[M]. Edinburgh: Edinburgh University Press Ltd,1988.

[43] Hammarberg B.Roles of L1 and L2 in L3 production and

acquisition [C].// Cenoz J., Hufeisen B., Jessner U. Cross-lingual influence in Third Language Acquisition: Psycholinguistic Perspective. Cleverland: Multilingual Matters Ltd,2001: 21-24.

[44] Harley, B., & D.Hart.Language Aptitude and Second Language Proficiency in Classroom Learners of Different Starting Ages[J]. Studies in Second Language Acquisition,1997,19: 379-400.

[45] Heider, F. The Psychology of Interpersonal Relations[M]. New York: Wiley,1958,161-163.

[46] Herdina, P. A dynamic Model of Multilingualism: Perspectives of Change in Psycholinguistics[J]. Reference & Research Book News, 2005: 182.

[47] Herdina P., Jessner U. The Implications of Language Attrition for Dynamic Systems Theory: Next Steps and Consequences[J]. International Journal of Bilingualism, 2013, 17 (6): 752-756.

[48] Hufeisen, B. L3 - State of the Art-What Needs to be Done? [A].In B.Hufeisen & B.Lindemann (eds.). L2 - L3 and Their Crosslinguistic Interaction: About Individual Multilingualism and Instructed Learning[C].Tiibingen: Stauffenburg,1998: 169—183.

[49] Jarvis, S. & Pavlenko, A.Crosslinguistic Influence in Language and Cognition[M].New York: Routledge,2008.

[50] Jessner, U., Metalinguistic Awareness in Multilinguals: Cognitive Aspects of Third Language Learning[J].Language Awareness, 1999, 8: 201-209.

[51] Jessner, U. Teaching Third Languages: Findings, Trends and Challenges[J]. Language Teaching, 2008 (1): 15-56.

[52] Jennifer M. Goldschneider, Robert M. DeKeyser. Explaining the "Natural Order of L2 Morpheme Acquisition" in English: A Meta-analysis of Multiple Determinants[J]. Language Learning,2001,51(1).

[53] Jorda,M.P.S.Third Language Learners: Pragmatic Production and Awareness[M].Clevedon: Multilingual Matters, Ltd,2005.

[54] Kathleen Bardovi-Harlig, Robert Griffin. L2 Pragmatic Awareness: Evidence from the ESL Classroom[J]. System,2005,33(3).

[55] Kemp, C.Metalinguistic Awareness in Multilinguals:

Implicit and Explicit Grammatical Awareness and Its Relationship with Language Experience and Language Attainment[D].Ph.D.Dissertation. University of Edinburgh, Scotland, United Kingdom, 2001.

[56] Kipp, K.N.Aptitude in L2 and L3 Learners of German [D]. Ph.D.Dissertation.Purdue University, West Lafayette, Indiana, 2015.

[57] Krashen, S.Principles and Practice in Second Language Acquisition[M].Oxford: Pergamon Press, 1982.

[58] Kellerman E. Now you see it, now you don't.[C].// Gass S.Selinker L.Language Transfer in Language Learning. Massachusetts: Newbury House Publishers.1983: 112-134.

[59] Larsen-Freeman, Diane. Second Language Acquisition, WE, and Language As a Complex Adaptive System (CAS)[J]. World Englishes, 2018, 37(1): 80-92.

[60] Larsen-Freeman, D. & Cameron, L.Complex Systems and Applied Linguistics[M].Oxford: Oxford University Press, 2008.

[61] Larsen-Freeman, D. & Long, M. H. An Introduction to Second Language Acquisition Research, 1991, London: Longman.

[62] Larsen-Freeman, D.Chaos/Complexity Science and Second Language Acquisition[J]. Applied Linguistics, 1997, 18: 141-165.

[63] Larsen-Freeman, D. Language Acquisition and Language Use From a Chaos / Complexity Theory Perspective. In C. Kramsch (Ed.), Language Acquisition and Socialization.London: Continuum International Publishing Group, 2002, 33-46.

[64] Larsen-Freeman, D.Complex, Dynamicsystems: A New Transdisciplinary Theme for Applied Linguistics? [J]. Language Teaching, 2012(2): 202-2014.

[65] Long, Michael H. Current Trends in SLA Research and Directions for Future Development[J]. 中国应用语言学(英文版), 2012, 35(2): 135-152.

[66] Long, M.The Role of the Linguistic Environment in Second Language Acquisition[A].In W.Ritchie and T.Bhatia(eds.).Handbook of Second Language Acquisition[C].New York: Academic Press,

1996: 413-468.

[67] Long, M.Problems in SLA [M]. Mahwah, NJ: Lawrrence Erlbaum, 2007.

[68] Lambert, W. E. Culture and Language as Factors in Learning and Education. In F. E. Aboud and R. D. Meade (eds.).Cultural Faction in Learning and Education. Bellingham, Washington, 1974.

[69] Li Yuming. From Monolinguism to Multilingualism[J]. Linguistic Studies.Higher Education Publishing House, 2015 (19).

[70] Li Yuming. The characteristics of the era of Chinese language life[J]. Chinese language, 2012 (4).

[71] Lukić, NatašaModels of Communicative Competence in Learning English As a Second or Foreign Language[J]. Ekonomski pogledi, 2019, 21. 97-108.

[72] McLaughlin, B.The Relationship Between First and Second Languages: Language Proficiency and Language Aptitude[A].In B.Harley P.Allen, J.Cummins & M.Swain (eds.).The Development of Second Language Proficiency[C].Cambridge: Cambridge University Press, 1990.

[73] Meiner, F. J. Transfer und Transferieren: Anleitungen zum Interkomprehension Sunterricht[A].In Klein & Rutke (eds.), Neuere Forschungen zur Europdischen Interkomprehension [J].Aachen: Shaker, 2004: 39-66.

[74] Miličević Maja, Kraš Tihana. Translation Between L2 Acquisition and L1 Attrition: Anaphora Resolution in Italian by English-Italian Trainee Translators[J]. Applied Linguistics, 2017, 38 (1): 21-42.

[75] Milton, J., &T.Alexiou.Language Aptitude Development in Young Learners[A].In C.Abello—Contesse, R.Chacon—Beltran, M.D.Lopez—Chiménez & M.M.Torreblanca-Lopez (eds.).Age in L2 Acquisition and Teaching[C].Oxford: Peter Lang. 2006: 177—192.

[76] Norton, B.Social Identity, Investment, and Language Learning[J]. TESOL quarterly, 1995 (29): 9-31.

[77] Norton, B. Non-participation, Imagined Communities,

[77] and the Language Classroom. Learner Contributions to Language Learning: New directions in Research, 2001.

[78] Naiman, N., Frohlich, M., Stern, H. & Todesco, A. The Good Language Learner[M]. Toronto: Ontario Institute for Studies in Education, 1978.

[79] Nunan D.Issues in Second Language Acquisition Research Examining Substance and Procedure[A].In W.Richie & T.K.Bathia (eds.) Handbook of Second Language Acquisition[C].San Diego Academic Press, 1996.

[80] Odlin, T. Language Transfer[M].Cambridge: Cambridge University Press, 1989.

[81] Odlin, T.Language Transfer: Cross-linguistic Influence in Language Learning[M].Shanghai: ShanghaiForeignLanguageEducation press, 2001.

[82] Odlin, T.&S.Jarvis.Same Source, Different Outcomes: A Study of Swedish Influence on the Acquisition of English in Finland[J]. The International Journal of Multilingualism, 2004, 1: 123-140.

[83] O'Malley, J.M.Learning Strategies Used by Beginning and Intermediate ESL Students[J]. Language Learning, 1985, 35: 21-46.

[84] O'Malley, J. M. & Chamot, A. Learning Strategies in Second Language Acquisition[M].Cambridge: Cambridge University Press, 1990.

[85] Oxford, R.L. & Nyikos, M.Variables Affecting Choice of Language Learning Strategies by University Students[J]. Modern Language Journal, 1989, 73: 291-300.

[86] Oxford, R.L.Language Learning Strategies: What Every Teacher Should Know[M]. New York: Newbury House Publishers, 1990.

[87] Robert Lado. Research and Training Needs in Language Teaching with Special Attention to English as a Foreign Language[J]. 1958, 81-2.

[88] Robinson, P.Individual Differences, Cognitive Abilities, Aptitude Complexes, and Learning Conditions in SLA[J].Second

Language Research 2001,4: 368—392.

[89] Rubin, J. What the "Good Language Learner" Can Teach Us[J]. TESOL Quarterly,1975,9（1）: 41-51.

[90] Ringbom,H.Lexical Transfer in L3 Production[A].In J.Cenoz, B. Hufeisen, & U.Jessner（eds.）,2001.

[91] Ringbom, H.Cross-linguistic Similarity in Foreign Language Learning[M]. Clevedon, UK: Multilingual Matters, Ltd,2007.

[92] Santos A., Cenoz J., Gorter D. Attitudes and Anxieties of Business and Education Students Towards English: Some Data From the Basque Country[J]. Language Culture & Curriculum, 2018, 31（1）: 94-110.

[93] Saito, Kazuya. Individual Differences in Second Language Speech Learning in Classroom Settings: Roles of Awareness in the Longitudinal Development of Japanese Learners' English /ɹ/ Pronunciation[J]. Second language Research, 2019.

[94] Schumann, J.The Acculturation Model for Second-language Acquisition.In R.C.Gringas,（Ed.）, Second Language Acquisition and Foreign Language Teaching[J]. Washington, D.C.: Center for Applied Linguistics,1978,27-50.

[95] Skehan, P.Individual Differences in Second Language Learning[M]. Edward Arnold.1989.

[96] Susan G. Guion, James E. Flege, Jonathan D. Loftin. The Effect of L1 Use on Pronunciation in Quichua-Spanish Bilinguals[J]. Journal of Phonetics,2000,28（1）.

[97] Sioson, I.C.Language Learning Strategies, Beliefs, and Anxiety in Academic Speaking Task[J]. Philippine ESL Journal,2011, 7, 3-27.

[98] Simon, E., & Leuschner, T.Laryngeal Systems in Dutch, English, and German: A Contrastive Phonological Study on Second and Third Language Acquisition[J].Journal of Germanic Linguistics, 2010,22（4）,403-424.

[99] Slabakova, R. The Scalpel Model of Third Language Acquisition[J]. International Journal of Bilingualism, 2016（3）: 1-15.

[100] Sparks, R.L.& Ganschow, L.Foreign Language Learning Differences: Affective or Native Language Learning Aptitude Differences? [J].Modem Language Journal,1991,75: 3-16.

[101] Spolsky B. Conditions for Second Language Learning[M]. Oxford: Oxford University Press,1989.

[102] Stern, H.Fundamental Concepts of Language Teaching[M]. Oxford: Oxford University Press,1983.

[103] Swain, M.Three Functions of Output in Second Language Learning[A].In G.Cook and B.Seidlhofer（eds.）.Principle and Practice in Applied Linguistics[C].Oxford: Oxford University Press,1995,125-144.

[104] Stern, H. H. What Can We Learn From the Good Language Learner?[J]. Canadian Modern Language Review,1975,31: 304-318.

[105] Sternberg, R.J.The Theory of Successful Intelligence and Its Implications for Language Aptitude Testing[A].In P. Robinson（ed.）. Individual Differences and Instructed Language Learning[C]. Philadelphia/Amsterdam: John Benjamins,2002,13-44.

[106] VanPatten B.Input Processing and Grammar Instruction: Theory and Research[M].Norwood.NJ: Ablex,1996.

[107] Weier, B.A Theory of Motivation for Some Classroom Experiences[J]. Journal of Educational Psychology,1979（8）.

[108] Williams & Hammarberg. B. Language Switches in L3 Production: Implications for a Polyglot Speaking Model[J].Applied Linguistics, 1998（19）.

[109] Winke P., Gass S . The Influence of Second Language Experience and Accent Familiarity on Oral Proficiency Rating: A Qualitative Investigation[J]. Tesol Quarterly, 2013, 47（4）: 762-789.

[110] Wong Fillmore, L.The Second Time Around: Cognitive and Social Strategies in Second Language Acquisition[D] .Unpublished PhD Dissertation.Stanford University,1976.

[111] Yu Ka Wong. Structural Relationships Between Second-language Future Self-image and the Reading Achievement of Young Chinese Language Learners in Hong Kong[J]. System, 2018, 72: 201-214.

[112] Zennaki O., Semmar N., Besacier L. A Neural Approach for Inducing Multilingual Resources and Natural Language Processing Tools for Low-resource Languages[J]. Natural language engineering, 2019, 25（PT.1）: 43-67.

[113] Zhang, X. A Bibliometric Analysis of Second Language Acquisition Between 1997 and 2018[J]. Studies in Second Language Acquisition, 2020, 42（1）, 199-222.

[114] 阿尔伯特·班杜拉. 社会学习心理学 [M]. 长春: 吉林教育出版社, 1988.

[115] 巴哈尔古丽. 母语对新疆维吾尔族"民考民"学生英语学习的迁移作用 [D]. 上海外国语大学, 2008.

[116] 常林. 神经语言学视角下的第二语言习得解析 [J]. 大连大学学报, 2014, 35（01）: 84-88.

[117] 崔刚, 柳鑫淼. 语言学习者个体差异研究的新阶段 [J]. 中国外语, 2013, 10（04）: 61-68.

[118] 曹艳春, 徐世昌. 三语习得中的元音迁移研究——以 [ɑ]、[i]、[u] 为例 [J]. 语言与翻译, 2014,（04）: 79-84.

[119] 曹凤静. 归因理论视域下影响二语习得的非智力因素探讨 [J]. 辽宁师范大学学报. 2014（04）: 521-524.

[120] 曹艳春, 徐世昌. 三语习得中的元音迁移研究——以 [ɑ]、[i]、[u] 为例 [J]. 语言与翻译, 2014（04）: 79-84.

[121] 蔡寒松, 周榕. 语言耗损研究述评 [J]. 心理科学, 2004（04）: 924-926.

[122] 戴运财, 戴炜栋. 从输入到输出的过程及其心理机制分析 [J]. 外语界, 2010,（1）: 23－30.

[123] 戴运财. 语言学能对二语习得的影响 [J]. 外语教学与研究, 2006,（6）: 451－459.

[124] 戴运财. 工作记忆与教学方式在关系从句习得中的作用 [J]. 外语学刊, 2011,（2）: 96－100.

[125] 戴运财, 王同顺. 基于动态系统理论的二语习得模式研究 [J]. 山东外语教学. 2012（5）: 36-42.

[126] 戴运财, 杨连瑞. 二语习得的一体化模式及其动态性研究. 外语教学. 2013（6）: 53.

[127] 戴运财,周琳.动态系统理论视域下的二语习得研究：不足与对策[J].外语界,2016（03）：57-63+96.

[128] 戴炜栋,束定芳.试论影响外语习得的若干重要因素——外语教学理论系列文章之一[J].外国语（上海外国语大学学报）,1994（04）：1-10+80.

[129] 戴炜栋,张雪梅.探索有中国特色的英语教学理论体系——思考与建议[J].外语研究,2001（02）：1-4+80.

[130] 杜颖.英文歌曲在大学英语语法教学中的运用——评《大学英语语法教程》[J].新闻与写作,2018,（08）：115.

[131] 范临燕.国外三语习得研究回顾与展望[J].外语研究,2019（3）,49-54.

[132] 冯纪元,黄姣.语言输出活动对语言形式习得的影响[J].现代外语,2004（02）：195-200+220.

[133] J.Cenoz, B.Hufeisen, U.Jessner,刘承宇,谢翠平.《第三语言习得中跨语言影响的心理语言学研究》述评[J].当代语言学,2006（04）：372-377.

[134] 高一虹,程英,赵媛,周燕.英语学习动机类型与动机强度的关系——对大学本科生的定量考察[J].外语研究,2003（01）：60-64+80.

[135] 高一虹、程英、赵媛、周燕.本科生英语学习动机强度与自我认同变化[J].外语与外语教学,2003（5）：25-35.

[136] 高一虹,周燕.二语习得社会心理研究：心理学派与社会文化学派[J].外语学刊,2009（01）：123-128.

[137] 高一虹,程英,赵媛,周燕.英语学习与自我认同变化——对大学本科生的定量考察[J].外语教学与研究,2003（02）：132-139+161.

[138] 大学生英语学习社会心理：高年级阶段跟踪研究课题组,高一虹,周燕,战凤梅.英语学习与学习者的认同发展——五所高校高年级阶段跟踪研究[J].外语研究,2011（02）：56-62+112.

[139] 郭红,戚德山.输入与输出假说的实证性研究[J].外语学刊,2009（01）：132-135.

[140] 顾伟勤.重谈语言学能——外语学习中个体差异的一个重要构成[J].中国外语,2008（06）：62-67.

[141] 顾伟勤. 论"互动假说"的发展与局限 [J]. 外语学刊, 2010 (05): 94-97.

[142] 顾伟勤. 外语课堂教学中的输入调整和互动调整 [J]. 外语界, 2010 (03): 66-70.

[143] 古丽米拉·阿不来提. 三语教育中新疆少数民族大学生英语学习的特点及问题分析 [J]. 南昌教育学院学报, 2011, 26 (09): 155-156.

[144] 韩曙花, 刘永兵. 西方三语习得研究对我国外语研究的启示 [J]. 东北师大学报(哲学社会科学版), 2012 (06): 136-139.

[145] 黄时华, 邱鸿钟. 大学生的榜样偶像崇拜与专业学习的动机激发 [J]. 社会心理科学 2006, 21 (5): 50-53.

[146] 何文广, 陈宝国. 语言对认知的影响——基于双语认知"优势效应"的分析 [J]. 心理科学进展, 2011, 19 (11): 1615-1624.

[147] 何文广. 二语句法加工的认知机制、影响因素及其神经基础 [J]. 心理科学进展, 2015, 23 (09): 1540-1549.

[148] 江承凤. 新疆多元语言文化生态环境的历史考察 [J]. 西北民族大学学报(哲学社会科学版), 2011 (01): 101-106.

[149] 姜秋霞, 刘全国, 李志强. 西北民族地区外语基础教育现状调查——以甘肃省为例 [J]. 外语教学与研究, 2006 (02): 129-135+161.

[150] 金娴. 态度习得理论与积极英语学习态度的习得 [J]. 金华职业技术学院学报, 2011, 11 (01): 32-34.

[151] 雷蕾.《三语或多语习得》述评 [J]. 现代外语, 2010, 33 (02): 213-215.

[152] 龙桃先. 景颇族学生三语习得中语际影响研究 [J]. 贵州民族研究, 2014, 35 (02): 183-186.

[153] 李明子. 心理语言距离与外语水平的相关性实证研究 [J]. 甘肃高师学报, 2018, 23 (03): 39-43.

[154] 李宇明. 语言在全球治理中的重要作用 [J]. 外语界, 2018 (05): 2-10.

[155] 李宇明. 由单语主义走向多语主义 [J]. 语言学研究, 2016 (01): 6-15.

[156] 李宇明. 中国语言生活的时代特征 [J]. 中国语文, 2012 (04): 367-375+384.

[157] 李瑛. 英文电影在英语教学中的有效运用 [J]. 山西财经大学学报, 2012, 34（S2）: 101.

[158] 李珂, 李嘉东. 维吾尔族与汉族大学生英语词汇学习策略对比研究——以新疆师范大学为例 [J]. 昌吉学院学报, 2010（06）: 77-81.

[159] 李宗文. 树立榜样对高职英语教学的促进作用 [J]. 长春理工大学学报, 2012, 7（01）: 183-184.

[160] 李炯英, 林生淑. 国外二语/外语学习焦虑研究30年 [J]. 国外外语教学, 2007（04）: 57-63.

[161] 练丽娟, 邓雪琴. 三语习得的影响因素及有效路径——以新疆少数民族大学生为例 [J]. 语言与翻译, 2017（03）: 81-88.

[162] 练丽娟, 战菊. 语言习得中的文化认同研究综述 [J]. 新疆社会科学, 2017（02）: 152-157.

[163] 练丽娟. 外语习得下中华文化认同的稳定性——基于SPSS的实证研究 [J]. 教育现代化, 2019, 6（76）: 202-203.

[164] 梁虹. 新疆维吾尔族大学生外语学习焦虑研究 [J]. 考试周刊, 2008（1）.

[165] 柳春波. 新疆地区少数民族大学生外语焦虑成因及对策 [J]. 昌吉学院学报, 2009（2）.

[166] 柳鑫淼. 动态系统理论下的外语学习者个体差异研究 [D]. 清华大学. 2014.

[167] 刘艳丽. 英文电影在高校英语专业多媒体阅读教学中的运用 [J]. 西南民族大学学报（人文社会科学版）, 2011, 32（S2）: 53-54.

[168] 刘懋琼. 新疆少数民族学生三语习得成效对策探究 [J]. 贵州民族研究, 2014, 35（04）: 187-190.

[169] 刘全国. 三语教育与三语教学 [M]. 中国社会科学出版社, 2013.

[170] 廖维娜. 英文电影、歌曲辅助教学的作用 [J]. 西南民族大学学报（人文社会科学版）, 2011, 32（S2）: 111-114.

[171] 廖华英. 维吾尔族民考民非英语专业大学生语言态度探析 [J]. 和田师范专科学校学报, 2009, 28（02）: 159-160.

[172] 马广惠. 高分组学生与低分组学生在学习策略上的差异研究 [J]. 外语界, 1997（02）: 39-41.

[173] 满蓉,王劲.英文歌曲应用于大一新生语音教学的探讨[J].外国语文,2011,27(S1):94-96.

[174] 麦丽哈巴奥兰.新疆少数民族大学生英语学习状况研究[J].新疆大学学报(哲学社会科学版),2007(3).

[175] 倪传斌,张之胤.三语对二语词汇识别的影响[J].外语与外语教学,2011(06):30-34.

[176] 努尔阿依吾守尔.新疆少数民族学生学习英语的误区[J].新疆职业大学学报,2005(3).

[177] 欧亚丽,刘承宇.语言距离对英语作为第三语言学习的蒙古族学生语音迁移的影响[J].西安外国语大学学报,2009,(4):93-97.

[178] 秦晓晴.第二语言学习策略研究的理论和实践意义[J].外语教学,1996(4):16-19.

[179] 任育新.中国大学英语学习者文化身份的调查与分析[J].外国语言文学,2008(01):46-52.

[180] 邵玲.英语教学中实施教唱英文歌曲的实验研究[J].湖北教育学院学报,2005,22(4):123-125.

[181] 隋岩.小学英语教学中英文歌曲的运用[J].教学与管理,2014,(14):48-49.

[182] 孙明,赵飞,赵江葵.互动式反馈对儿童二语疑问句发展作用的研究[J].国外外语教学,2007(02):1-9+15.

[183] 王初明.中国学生的外语学习模式[J].外语教学与研究,1989(04):47-52.

[184] 王初明,牛瑞英,郑小湘.以写促学——一项英语写作教学改革的试验[J].外语教学与研究,2000(03):207-212+240.

[185] 王初明.外语学习中的认知和情感需要[J].外语界,1991(04):7-11.

[186] 王初明.外语教学三大情结与语言习得有效路径[J].外语教学与研究,2011,43(04):540-549+640.

[187] 王初明.影响外语学习的两大因素与外语教学[J].外语界,2001(06):8-12.

[188] 王爱平.文化与认同:印尼华裔青少年调查研究[J].中国人民大学学报,2004(06):79-85.

[189] 王鉴棋."效率"视域中的二语习得路径研究[J].外语学刊,2013(03):109-113.

[190] 王慧,黄莎,黎明.英文歌曲辅助教学的研究与探讨[J].西南民族大学学报(人文社科版),2008,29(S3):180-182.

[191] 王红.听歌法在英语听说课上的有效应用[J].国外外语教学,2000(04):40-41+32.

[192] 王奇民,王健.制约大学英语学习成效的策略因素探析[J].外语界,2003(2):41-46.

[193] 王文宇.观念、策略与英语词汇记忆[J].外语教学与研究,1998(1):47—52.

[194] 王文宇.英语专业与非英语专业学生词汇记忆策略的比较[J].江苏外语教学研究,1998(01):22-28.

[195] 王晓为.学习者可控因素的定量研究[J].广东外语外贸大学学报,2003(02):16-18+54.

[196] 王燕.论母语习得与外语学习[J].四川外语学院学报,2001(05):106-108.

[197] 文秋芳.二语习得重点问题研究[M].外语教学与研究出版社,2010.

[198] 文秋芳,王立非.影响外语学习策略系统运行的各种因素评述[J].外语与外语教学,2004(9):28-32.

[199] 文秋芳.英语学习成功者与不成功者在方法上的差异[J].外语教学与研究,1995(03):61-66.

[200] 文秋芳.英语学习策略论[M].上海:上海外语教育出版社,1996.

[201] 文秋芳.传统和非传统学习方法与英语成绩的关系[J].现代外语,1996b,(1):37—42.

[202] 文秋芳,王海啸.学习者因素与大学英语四级考试成绩的关系[J].外语教学与研究,1996(4)33-39.

[203] 文秋芳.英语学习者动机、观念、策略的变化规律与特点[J].外语教学与研究,2001(02):105-110+160.

[204] 文秋芳,王立非,对外语学习策略有效性研究的质疑,外语界,2004(2).

[205] 文秋芳,王海啸.学习者因素与大学英语四级考试成绩的关

系[J].外语教学与研究,1996（04）:33-39+80.

[206] 文秋芳,王海啸.大学生英语学习观念与策略的分析[J].解放军外语学院学报,1996（04）:61-66+75.

[207] 文华俊.新疆维吾尔族"民考民"学生英语学习现状调查研究[D].中央民族大学,2013.

[208] 魏亚丽,彭金定.三语习得中的语言迁移述评[J].新疆师范大学学报(哲学社会科学版),2015,36（01）:119-125.

[209] 魏亚丽,李学民.新疆高校少数民族大学生英语学习风格调查研究[J].新疆大学学报(哲学人文社会科学版),2009,37（02）:135-139.

[210] 吴一安,刘润清,P.Jeffrey.中国英语本科学生素质调查报告[J].外语教学与研究,1993（01）:36-46+80.

[211] 吴白音那,文秋芳.三语教师课堂语码转换结构类型与功能分布特征研究[J].外语学刊,2015（05）:106-111.

[212] 吴钒,范舒敏.榜样对学生自我效能感的影响[J].东南大学学报(哲学社会科学版),2016,18（S2）:165-168.

[213] 吴霞,古丽扎.新疆师范大学理科少数民族学生英语学习动机调查[J],新疆师范大学学报.2001（10）.

[214] 邬美丽.语言态度研究述评[J].满语研究,2005（2）:121-127.

[215] 熊学亮.语言学导论[M].复旦大学出版社.2010.

[216] 许宏晨.英语学习动机自我系统——基于中国大学生的结构方程模型研究[D].北京大学,2009.

[217] 许宏晨,高一虹.英语学习动机与自我认同变化——对五所高校跟踪研究的结构方程模型分析[J].外语教学理论与实践,2011（03）:63-70.

[218] 许宏晨.第二语言研究中的结构方程模型案例分析[M].外语教学与研究出版社,2019.

[219] 许希阳,吴勇毅.复杂动态系统理论:对二语习得研究的反思[J].语言教学与研究,2015（02）:1-7.

[220] 肖宇,王福宁.新疆非英语专业民族大学生英语词汇习得量与质研究的调查报告[J].新疆警官高等专科学校学报,2010,30（01）:59-61.

[221] 薛芬,韩百敬.英语学习者的想象认同对其语言投资影响的实证研究[J].外国语言文学,2015,32(02):102-108.

[222] 姚岚.《双语者和多语者的语言与认知概论》述评[J].外语教学与研究,2014,46(05):788-792.

[223] 姚甜.第三语言学习对语言学能的影响——多语和语言学能的相互作用[D].江苏:东南大学,2017.

[224] 杨煌婷、徐蓉.国内外三语习得研究综述与分析[N].开封教育学院学报 2016.

[225] 杨敏.利用英文电影教学提高学生的英语口语水平[J].中国教育学刊,2018,(11):107.

[226] 杨学宝、王坤邦.三语习得模型发展及研究展望[J].绥化学院学报.2017.37(3)93-96.

[227] 杨学宝,王坤邦.第三语言学习者元语言意识与心理语言距离的相关性实证研究[J].基础外语教育,2017,19(02):13-20+108.

[228] 杨学宝,王坤邦.第三语言习得复杂性阐释和启示:复杂动态系统理论视野[J].陇东学院学报,2017,28(02):23-27.

[229] 袁庆玲.三语习得国内外研究综述[J].广东外语外贸大学学报,2010(6):48-51.

[230] 原一川,L.Lloyd,尚云,袁开春,黄炜.云南少数民族学生英语学习动机与英语成绩关系实证研究[J].云南师范大学学报(哲学社会科学版),2009,41(01):81-88.

[231] 原一川,原源,李鹏,尚云.云南少数民族大学生英语学习态度和动机[J].云南民族大学学报(哲学社会科学版),2012,29(02):156-160.

[232] 原一川,胡德映,冯智文,李鹏,尚云,原源.云南跨境民族学生三语教育态度实证研究[J].民族教育研究,2013,24(06):80-87.

[233] 岳晓东.论偶像——榜样教育[J].中国教育学刊,2004,9:17-20.

[234] 岳金星,史光孝.《神经语言学与心理语言学视角下的第二语言习得》述评[J].外国语(上海外国语大学学报),2013,36(03):94-96.

[235] 曾丽,李力.对"三语习得"作为独立研究领域的思考[J].外语与外语教学,2010(2):6-9.

[236] 曾丽.从"三语习得"视阈探讨我国少数民族地区的外语教

育[J].民族教育研究,2012,23(01):31-35.

[237]曾丽.儿童三语习得中元语言意识的发展对我国少数民族外语教育政策制定的启示[J].外语教学与研究,2011,43(05):748-755+801.

[238]曾丽.国外"三语习得"研究述评[J].贵州师范学院学报,2011,27(01):10-13.

[239]张红.新疆少数民族学生英语学习存在的问题调查及对策[J],广西民族大学学报哲学社会科学版.2008(6).

[240]张明.《三语习得过程》述评[J].教育现代化,2016,3(06):109-110.

[241]张燚,任烨,安胜昔,姜轶群.新疆少数民族大学生英语学习态度动机调查[J].北京教育学院学报,2004.

[242]张贞爱,俞春喜.北方少数民族师生三语教育认同研究——以维吾尔、蒙古、朝鲜、哈萨克族师生为例[J].民族教育研究,2012,23(01):16-23.

[243]张晓慧,郑淑明.英语学习成功者与不成功者元认知策略差异研究[J].齐齐哈尔大学学报(哲学社会科学版),2010(05):135-137.

[244]张小红.英文歌曲在英语教学中的辅助作用[J].外语电化教学,1998,(04):20-21.

[245]张朝霞.维吾尔大学生英语学习策略使用情况调查研究[D].华中师范大学,2009.

[246]郑敏.对语言学习策略分类框架的质疑———兼评元认知策略的地位[J].外语与外语教学,2000,12:33-35.

[247]郑双涛.大学英语课堂英文歌曲学习的软件策略[J].东南大学学报(哲学社会科学版),2010,12(S2):175-177.

[248]朱霞,王琼芳.少数民族大学生英语听力教学中的英文电影应用研究[J].贵州民族研究,2018,39(12):210-213.

[249]周艳艳.非英语专业高分组学生与低分组学生在语言学习观念上的差异[J].江苏教育学院学报(社会科学版),2006(04):101-104.

[250]周敏,秦杰.三语习得中语言迁移研究动态的知识图谱分析[J].运城学院学报,2018,36(01):6-11.

[251]周成兰.论心理因素对学习普通话的影响.广西民族学院学报.2002(5):73-76.

[252] 周勇,董奇.学习动机、归因、自我效能感与学生自我监控学习行为的关系研究[J].心理发展与教育,1994（03）:30-33+15.

[253] 朱江华,郝瑜,栗洪武.新疆"民汉兼通"双语教育目标的缘起与发展、困境与对策[J].西南民族大学学报(人文社科版),2018(2):218-224.

[254] 庄国土.略论东南亚华族的族群认同及其发展趋势[J].厦门大学学报(哲学社会科学版),2002（03）:63-71.